LAVADO DE DINERO Y CORRUPCIÓN POLÍTICA

LAVADO DE DINERO Y CORRUPCIÓN POLÍTICA

El arte de la delincuencia organizada internacional

EDGARDO BUSCAGLIA

DEBATE

Lavado de dinero y corrupción política
El arte de la delincuencia organizada internacional

Primera edición en México: octubre de 2015

D. R. © 2015, Edgardo Buscaglia

D. R. © 2015, derechos de edición mundiales en lengua castellana:
Penguin Random House Grupo Editorial, S. A. de C. V.
Blvd. Miguel de Cervantes Saavedra núm. 301, 1er piso,
colonia Granada, delegación Miguel Hidalgo, C. P. 11520,
México, D. F.

D. R. © Carlos Castresana Fernández, por el prólogo

www.megustaleer.com.mx

ISBN: 978-607-313-519-1

Impreso en México – *Printed in Mexico*

El papel utilizado para la impresión de este libro ha sido fabricado a partir de madera procedente
de bosques y plantaciones gestionadas con los más altos estándares ambientales, garantizando
una explotación de los recursos sostenible con el medio ambiente y beneficiosa para las personas.

Penguin
Random House
Grupo Editorial

A los periodistas asesinados, desaparecidos y asediados,
por investigar a la corrupción política mafiosa y por dedicar sus vidas
al ejercicio de la libertad de expresión, necesaria para toda democracia
con seguridad humana.

Índice

Una carta de navegación

Escribo estas líneas cuando el presidente Santos de Colombia acaba de proponer a la comunidad internacional, ante los representantes de 106 países en la Conferencia de Cartagena de Indias (junio de 2015), un cambio de estrategia global en la lucha contra las drogas, reconociendo el fracaso de las políticas vigentes de represión penal y erradicación, planteando la despenalización del consumo —que ya es una realidad en muchos países—, anunciando la suspensión de las fumigaciones de los cultivos ilícitos en su país, y declarando que los billones de dólares invertidos en la represión del tráfico de estupefacientes y psicotrópicos en el último medio siglo podrían haberse empleado mejor en construir hospitales, colegios, viviendas, y en generar empleos para los más pobres: toda una proclamación de la necesidad de un cambio de rumbo desde un país que habla con suficiente conocimiento de causa y sobrada legitimidad puesto que ha sufrido miles de muertes, vidas que se ha llevado la violencia en el contexto del narcotráfico y el inacabable conflicto armado que, más allá de diferencias ideológicas, el primero financia y propicia desde hace décadas.

Santos se apoya en datos concluyentes: a pesar de casi un millón de arrestos de individuos involucrados en el narcotráfico desde 1993, y más de 800 toneladas de cocaína incautadas en los últimos cinco años sólo en Colombia, lo que supuso a los cárteles pérdidas por 24 mil millones de dólares, el negocio continúa, y no se avistan expectativas de que pueda ser abatido en el corto o en el medio plazo. No, desde luego, mientras las prioridades se centren en reducir la oferta desde los países productores sin que los consumidores hagan lo propio con la demanda.

El autor del libro que el lector tiene en sus manos no necesita presentación: Edgardo Buscaglia es uno de los mejores especialistas del mundo en la materia, con una vasta y reconocida experiencia. Ha dedicado la mayor parte de su carrera profesional a investigar el fenómeno del crimen organizado desde algunas de las universidades más prestigiosas, pero también desde instituciones globales como la Oficina de Naciones Unidas contra la Droga y el Delito (UNODC, por sus siglas en inglés).

Buscaglia no solamente ha estudiado el crimen organizado y las complicidades que lo sustentan: también ha denunciado sistemáticamente, con valentía y credibilidad excepcionales, en conferencias, artículos científicos y periodísticos y en apariciones públicas ante los medios de comunicación, la connivencia que desde los poderes públicos —las autoridades nacionales e internacionales— y también desde las corporaciones privadas y los mercados financieros, por acción o por omisión, permite demasiadas veces a los grupos criminales crecer y desarrollarse a sus anchas y lavar impunemente sus ingentes beneficios; ello cuando esos mismos poderes y actores políticos y económicos no participan o encubren y lucran directa o indirectamente con su actividad delictiva. Baste el dato escalofriante que nos ofrece una institución tan poco sospechosa de ser propensa a las exageraciones como es la OCDE, la Organización para la Cooperación y el Desarrollo Económicos: el lavado de dinero mueve anualmente 400 mil millones de dólares. Con esos extraordinarios beneficios se alimentan la corrupción y la violencia.

El autor no se detiene esta vez en quienes se dedican únicamente a aquellas actividades conocidamente criminales, sino que fija su atención en otras, no menos criminales, cuyas consecuencias destructivas para la seguridad humana son insoslayables, pero que reciben mucho menor atención de los poderes públicos y los medios de comunicación porque son menos visibles y causan mucha menos alarma social.

No son solamente el tráfico de drogas, el de armas y municiones, el de recursos naturales y el de seres humanos los delitos que tienen efectos desastrosos y a menudo letales para miles o millones de personas; también el fraude fiscal, la financiación ilegal de los partidos políticos, el soborno, la corrupción pública y privada, la malversación de fondos, el tráfico de influencias, el abuso de información privilegiada y un largo etcétera son conductas que permiten actuar libremente al crimen organizado con el altísimo nivel de complicidad del que disfruta.

Se trata de mecanismos y procedimientos que compran voluntades, al punto de permitir que el lavado de dinero quede impune en 99% de los casos. El caso revelado recientemente por la ABC, la televisión pública de Australia, que saca a la luz la connivencia entre la mafia calabresa 'Ndrangheta y destacados políticos australianos, tanto del Partido Liberal como del Laborista, pone de manifiesto la cara más oscura de la globalización. ¿Cómo pueden las organizaciones criminales estar en Italia y en sus antípodas al mismo tiempo? ¿Cómo pueden conseguir sus integrantes más destacados permisos de residencia en un continente mientras son perseguidos en otro? La respuesta es obvia: les sobran el poder y los recursos para comprar o doblegar voluntades.

Esa contigüidad entre lo público y lo privado propicia que en los países de institucionalidad más débil la corrupción y la delincuencia organizada —la famosa disyuntiva atribuida al narcotraficante colombiano Pablo Escobar: "plata o plomo"— infiltren las instituciones públicas al punto de hacerlas ineficientes, representando incluso una amenaza para la gobernabilidad de los Estados.

Y este problema no se da únicamente en Estados pequeños en los que impera el desgobierno, de los que hay algunos ejemplos en Centroamérica o África: el fenómeno se presenta también en países que suponemos sólidamente estructurados, como México o Brasil y asimismo en naciones plenamente desarrolladas, supuestas democracias modélicas, como acabamos de mencionar respecto de Australia.

El más grave de los escándalos recientes se ha manifestado en Estados Unidos luego de la publicación de la carta de la senadora por Massachusetts Elizabeth Warren —*New York Times*, 4 de junio de 2015—, dirigida a Mary Jo White, responsable de la SEC (*Securities and Exchange Commission*, el órgano supervisor de la Bolsa de Nueva York), y es un ejemplo elocuente del estado de cosas por el que atravesamos. La senadora acusa a White de incumplir las promesas que hizo al Senado para obtener la confirmación de su nombramiento, y de no abstenerse en más de 50 asuntos sometidos a su conocimiento y en los que intervenían la firma de abogados de su esposo así como el despacho en el que la propia White había trabajado antes de ser nombrada para dirigir la SEC. Sobre todo, la señala por haber propiciado acuerdos extrajudiciales que dieron grandes facilidades a los bancos de Wall Street para continuar haciendo sus negocios en la Bolsa de Nueva York, aun después de haber admitido su responsabilidad criminal en fraudes multimillonarios cometidos contra los inversores.

Buscaglia identifica 23 tipos distintos de delitos económicos organizados. Su proliferación explica que en las sociedades globalizadas los centros de decisión se hayan ido desplazando crecientemente de los Estados a los mercados con consecuencias desastrosas para quienes sufren esta situación, en la que las amenazas para la supervivencia y el bienestar de los ciudadanos provienen ya no sólo de la violación de sus derechos civiles y políticos sino también, crecientemente, de la violación de sus derechos económicos, sociales y culturales. Según la antes citada OCDE, la desigualdad entre ricos y pobres en los países de la Organización no deja de aumentar: sigue siendo baja en los países escandinavos, pero se ha disparado en México, Estados Unidos, Gran Bretaña y Grecia, entre otros.

Se diría que los Estados más desarrollados, incapaces de competir con los emergentes y desesperados al contemplar la deslocalización imparable de los centros de producción de sus propias empresas a lugares tales como China, India, Brasil, Rusia o Sudáfrica —y por qué no, también a Bangladesh o tantos otros países que sólo existen en los mapas porque prácticamente carecen de estructuras de gobierno—, han decidido desmantelar el Estado de bienestar para poder competir con aquellos. En vez de obligar a los países emergentes a imponer medidas básicas de protección social, los desarrollados copian sus prácticas de capitalismo salvaje, que creíamos desterradas, confinadas en un rincón de la historia. En España, 18% de la población vive hoy por debajo del nivel de la pobreza, casi el doble que antes de la crisis iniciada en 2007; y vuelve a padecerse desnutrición infantil, que había sido erradicada hace muchas décadas.

No es la de Buscaglia, sin embargo, una visión catastrofista. Igual que identifica el problema, el autor propone la solución. Hemos creado un monstruo que, como el de Frankenstein, ha cobrado vida propia y ya no obedece a su creador. Existen, sin embargo, los instrumentos para combatirle.

Partiendo de las Convenciones de la ONU contra la Delincuencia Organizada Transnacional (Palermo, 2000) y contra la Corrupción (Mérida, 2003), Buscaglia desarrolla toda una agenda de trabajo con 20 propuestas concretas que de ser implementadas podrían conducir nuevamente al orden al monstruo desbocado.

Para ello se necesita, antes que nada, conciencia y participación activa de la sociedad civil, que sigue teniendo un lugar y una responsabilidad fundamentales en las sociedades democráticas. Es necesario fortalecer de nuevo a los Estados y reclamar a los gobernantes electos que obedezcan a los intereses de sus electores, y no a los de sus financiadores. *(pase xx hecha)*

La lista de las propuestas de Buscaglia proviene del estudio, pero también de la experiencia. Incorpora medidas novedosas, tales como la extensión de la pena accesoria de extinción del dominio —que ya se aplica al tráfico de drogas— a otras figuras de la delincuencia económica, de manera que los delincuentes pierdan los bienes de ilícita procedencia que hayan adquirido con el producto de su actividad delictiva. Pero junto a ellas, propone también otras que provienen de las prácticas ya ensayadas con éxito en algunos países, como por ejemplo la reducción o eliminación de las inmunidades y aforamientos para las personas que ocupan cargos públicos, que se crearon para proteger la función pública y a menudo terminan convirtiéndose en el burladero detrás del que se refugian quienes se han servido del cargo público para delinquir y enriquecerse.

Y a las propuestas sustantivas y procesales, Buscaglia acompaña otras operativas que son fundamentales: la creación de unidades investigadoras de inteligencia financiera, la formación de equipos multidisciplinarios, la constitución de fiscalías y tribunales regionales especializados en delincuencia económica, la coordinación supranacional de las investigaciones, la creación de bases de datos compartidas, auditorías sociales, entre otras.

No es una agenda fácil, pero es una agenda posible y se necesita ya. Como señala Edgardo Buscaglia, hay que desmantelar primero al crimen organizado estatal para tener seguidamente alguna posibilidad contra el crimen organizado no estatal, y eso suponiendo que ambos no sean ya una misma cosa, un entramado que a veces resulta imposible desenredar. No es tarea fácil.

Sin embargo, en este barco a la deriva a bordo del cual estamos todos, querámoslo o no, es bueno saber que al menos tenemos una hoja de ruta: la carta náutica que nos señala los escollos contra los que debemos procurar no estrellarnos, misma que nos indica hacia dónde tenemos que navegar. Este libro es esa carta náutica.

CARLOS CASTRESANA FERNÁNDEZ
Abogado y fiscal del Tribunal Supremo de España
en excedencia

Introducción

Para muchas empresas legalmente constituidas, el objetivo de alcanzar poder económico y un control de los mercados de bienes y servicios que ellas mismas abastecen frecuentemente motiva los progresos tecnológicos más asombrosos y beneficiosos para la humanidad.

Esto sucede en los países con un Estado de derecho funcional, relativamente efectivo y eficiente, donde se estimula y protege la propiedad intelectual de todo tipo: vacunas, tratamientos contra diferentes tipos de cáncer, teléfonos *inteligentes* y métodos de producción y comercialización que hacen accesibles bienes y servicios esenciales, se cuentan entre los innumerables resultados de las innovaciones tecnológicas basadas en inversiones privadas y públicas.

Sin embargo, también existe un lado oscuro de la globalización y de la modernización económica alcanzada por medio de las más avanzadas tecnologías: cuando se utilizan tecnologías innovadoras para cometer y esconder delitos complejos socialmente muy costosos y que ocasionan gran sufrimiento; este, por ejemplo, es el caso del que se conoce como *trata de personas*,[1] o sea la compraventa de seres humanos, que más adelante abordaremos como una de las fuentes principales de cuantiosos recursos patrimoniales de procedencia ilícita.

La globalización creciente y cada vez más acelerada de distintas tecnologías, muchas de ellas empleadas en el movimiento de capitales y personas, no sólo ha hecho posibles incontables mejoras en la calidad de vida de la humanidad, sino que también ha causado un crecimiento y sofisticación sin precedentes de la delincuencia organizada. Para comprender la naturaleza y funcionamiento patrimonial de la delincuencia organizada o red criminal trasnacional, adoptaremos la definición de la Convención de las Naciones Unidas contra la Delincuencia Organizada Transnacional.[2] Para este instrumento jurídico internacional, una *red delictiva organizada* se entenderá como "un grupo estructurado de tres o más personas que exista durante una cantidad de tiempo estable y que actúe concertadamente con el propósito de cometer uno o más delitos graves o delitos tipificados con miras a obtener, directa o indirectamente, un beneficio económico u otro beneficio de orden material". Además de esta definición general de grupo criminal, la convención define términos que serán utilizados en esta obra, tales como *incautación* o *decomiso*.[3] Un ejemplo de delincuencia en red trasnacional es justamente la organización y expansión de la trata de personas a nivel mundial, la esclavitud moderna. Se estima que 21 millones de personas en el mundo sobreviven bajo el yugo de la trata trabajando en condiciones infrahumanas ya sea en granjas, obras de construcción, fábricas de ropa o en la industria sexual. Tan sólo este delito genera ganancias ilegales por más de 150 mil millones de dólares anuales.[4] Las ganancias derivadas de tales delitos graves y complejos representan la razón de ser de toda empresa criminal; para ello, las redes intentan esconder el origen de tal patrimonio mediante un proceso denominado *lavado* o blanqueo de dinero. La definición de *lavado de dinero* adoptada por los sistemas judiciales es bastante homogénea. Por ejemplo, la ley antilavado de Uruguay, que se enmarca en el derecho penal, incluye los siguientes tipos de comportamientos sujetos a sanción:

Art. 54. *Convertir* o *transferir* bienes, productos o instrumentos que procedan de cualquiera de los delitos tipificados por la presente ley o delitos conexos;

Art. 55. *Adquirir, poseer, utilizar, tener en su poder* o *realizar* cualquier tipo de transacción sobre bienes, productos o instrumentos que procedan de cualquiera de los delitos tipificados por la presente ley o de delitos conexos, o que sean el producto de tales delitos;

Art. 56. *Ocultar, suprimir, alterar* los indicios o *impedir* la determinación real de la naturaleza, el origen, la ubicación, el destino, el movimiento o la propiedad reales de tales bienes, o productos u otros derechos relativos a los mismos que procedan de cualquiera de los delitos tipificados por la presente ley o delitos conexos;

Art. 57. *Asistir* al o a los agentes de la actividad delictiva en los delitos previstos en la presente ley o delitos conexos, ya sea para asegurar el beneficio o el resultado de tal actividad, para obstaculizar las acciones de la Justicia o para eludir las consecuencias jurídicas de sus acciones, o le prestare cualquier ayuda, asistencia o asesoramiento.[5]

Al mismo tiempo, la corrupción se ha vuelto cada vez más sofisticada y globalizada gracias a los avances tecnológicos. Ni siquiera los países con los sistemas de justicia más avanzados han podido seguirle el paso a la complejidad y creatividad destructiva de las redes criminales que conjugan a la política y a la delincuencia organizada.

En este contexto, cada vez se observan con mayor frecuencia acusaciones por corrupción política a funcionarios del más alto nivel, muchos relacionados con el lavado de dinero. El caso de

José Sócrates, primer ministro de Portugal entre 2005 y 2011, es un ejemplo de acusaciones penales por presuntos nexos delictivos organizados: el ex funcionario fue detenido a finales de noviembre de 2014 bajo cargos de lavado de dinero, corrupción y fraude fiscal.[6] Según la imputación penal, Sócrates habría sido financiado por un amigo para mantener una lujosa vida en Francia después de su labor como ministro en su país; la forma de hacerlo sería tan sofisticada que incluía la compra de miles de ejemplares de su tesis universitaria,[7] y hasta su ex chofer estaría involucrado. A esta detención se agrega la renuncia del ministro del Interior de ese país, Miguel Macedo, también en noviembre de 2014, después de la captura de varios funcionarios portugueses del más alto nivel por acusaciones de lavado de dinero ligado al tráfico de influencias en la venta de visas migratorias a cambio de inversiones de más de 500 mil euros en los mercados inmobiliarios portugueses.[8] Otra vez el presunto blanqueo de capitales aparece íntimamente relacionado con la aparente corrupción política; de comprobarse, ambos serían una muestra típica de cómo opera en muchos otros casos la corrupción política a los más altos niveles, y en ello ha desempeñado un papel crucial un sector privado cómplice por corrupción u omisión.

Una larga lista de presidentes, primeros ministros, legisladores y personal judicial del más alto nivel han sido sujetos a acusaciones parecidas en todo el orbe en los últimos años. En un escenario ideal, en países con sistemas judiciales relativamente efectivos y una sociedad civil vigilante, estas detenciones detonarían investigaciones patrimoniales y decomisos importantes que involucrarían a empresas y a otros políticos muchas veces vinculados con redes criminales trasnacionales. Sin embargo, estas investigaciones patrimoniales y decomisos brillan por su ausencia en naciones con instituciones judiciales y administrativas menos desarrolladas o sujetas a controles políticos discrecionales, así como con una sociedad civil pasiva, paternalista y acostumbrada al autoritarismo de un partido único de Estado, tal como México o Rusia. Lo anterior entorpece aún más el desarrollo democrático, ya que en este tipo de ambiente institucional es mucho más probable que un candidato político mafioso acceda al poder que otra persona honesta financiada con dinero limpio. Estos problemas, que conjugan corrupción de naturaleza política y delincuencia organizada, cobran importancia crucial en países que aún transitan hacia regímenes democráticos integrales, como Indonesia, México, Nigeria o Pakistán, por mencionar sólo algunos. En ellos, las élites políticas se resisten a permitir que controles judiciales, patrimoniales y sociales se les apliquen a los mismos políticos y a los empresarios, a los sindicatos y a veces hasta a las organizaciones criminales que financian sus actividades políticas. El caso más reciente que ejemplifica esta impunidad institucionalizada lo representa la captura en febrero de 2014 y, 17 meses después en julio de 2015, la fuga con corrupción institucional de Joaquín Guzmán Loera, también conocido como *el Chapo,* de la prisión de más "alta seguridad" de México.

Siendo Guzmán Loera una de las personas más ricas del planeta —estando incluido en el *ranking* de la revista *Forbes*— y uno de los *capos* más buscados de una de las más poderosas organizaciones criminales del orbe, durante sus 17 meses procesado en México y después de que autoridades políticas mexicanas bloquearon su extradición a Estados Unidos, resultó ser que ninguna autoridad impulsó acusación penal alguna contra cualquiera de sus múltiples redes de socios y franquicias empresariales, o contra los políticos asociados a sus actividades; tampoco se tocó ningún activo ligado a él. Así, prevaleció un pacto de impunidad política aunado a una parálisis premeditada del sistema judicial mexicano.[9]

Con base en la experiencia de muchos países con sistemas judiciales funcionales (tales como Colombia, Italia, o Japón), uno esperaría que el procesamiento de un *capo de capos* como *el Chapo* Guzmán normalmente derivaría casi de inmediato en la detención y el procesamiento de cientos de políticos corruptos, empresarios y sindicalistas lavadores de dinero. Nada de eso sucede en México. No hace falta mucha teoría para comprender lo que sucede cuando se da rienda suelta a la corrupción política en países como México o Nigeria (es decir, corrupción política en sus diferentes tipos penales más frecuentes, ya sea como conflicto de interés, sobornos, tráfico de influencias, financiamientos ilícitos de campañas políticas, enriquecimiento ilícito y malversación de fondos públicos), y a su derivación directa y predilecta por las clases políticas sucias: el lavado de dinero.

Es de este modo que el lavado de dinero impacta negativamente como un daño de anulación parcial o completa en el desarrollo de las instituciones políticas y transforma a los procesos electorales convirtiéndolos en una simulación democrática, siendo así que delincuentes organizados pueden transformarse en políticos de la noche a la mañana. Esta situación calamitosa no se agota sólo en la inmoralidad de encontrarse y someterse ante una clase política mafiosa: lo peor de todo es que la corrupción política y el lavado de dinero conllevan desviaciones de presupuestos públicos hacia las arcas y cuentas bancarias de criminales, y no hacia la construcción de infraestructuras sociales de combate a la pobreza y la inequidad más extrema, lo cual después se mide en millones de muertes al año de menores de edad y demás personas socialmente vulnerables. En este sentido, la corrupción política ligada al lavado de dinero debería también clasificarse dentro de los tipos de comportamientos antisociales delictivos contra la humanidad.

De ahí la importancia de analizar en estos tiempos no sólo los casos de corrupción política, sino sus más diversas motivaciones económicas. La mayoría están vinculados con 23 tipos de delitos que generan violencia física y patrimonial, lo cual se traduce las más de las veces en pérdida de vidas humanas.[10] Sin duda, una mayor frecuencia de incautaciones y decomisos de activos patrimoniales de origen criminal ligados con actos de corrupción, delincuencia organizada y lavado de dinero, permitiría salvar esas vidas.

De tal forma, el presente escrito está dedicado a analizar los diversos procesos por los cuales se intenta esconder el origen sucio de dineros y demás patrimonios vinculados a actos delictivos, lo cual se denomina lavado o blanqueo de dinero, profundizando así en el cómo y el porqué se genera este lavado y cuáles son los mecanismos que han resultado más efectivos para combatirlo. A partir de este enfoque, y con la conciencia de la complejidad que esto representa, esta obra está dedicada a salvar vidas humanas.

Es importante tomar en cuenta, desde un punto de vista integral —político, económico, cultural—, que las sociedades más desarrolladas y más prósperas son a la vez aquellas donde las personas físicas y las organizaciones e instituciones —públicas, privadas y asociaciones civiles— aceptan de forma libre ser legal y democráticamente sujetas a reglas deseables de comportamiento. Estas reglas se aplican por medio de Estados o supra estados, cuyas prácticas regulatorias se denominan *gobernabilidad*.

Para verificar si hay una gobernabilidad efectiva, deben considerarse diversos factores, entre ellos, la provisión de bienes y servicios públicos, el respeto a los derechos humanos, la rendición de cuentas, el combate a la corrupción.[11] No ha de pasarse por alto que los niveles de gobernabilidad son indirectamente proporcionales al flujo de dinero ilícito que proviene de las múltiples clases de delitos.

En mi primer libro, *Vacíos de poder en México,* ilustré ya el impacto perverso que causa la ausencia de controles del Estado y de la sociedad civil en el desarrollo democrático de cualquier país. Esto significa estar ante Estados que sufren de vacíos de control judicial, sin ninguna capacidad de generar sentencias condenatorias ejecutadas por medio de policías, fiscalías, juzgados y ámbitos penitenciarios eficaces y coordinados; implica también Estados sin controles patrimoniales que logren extinguir y decomisar patrimonios sucios y Estados sin controles preventivos de la corrupción política, carentes de sistemas de prevención social de infracciones juveniles y de delitos de mayor envergadura.

Sin embargo, después de evaluar integralmente ese mensaje, en esta nueva obra quiero matizar el análisis. Existen países desarrollados que poseen sistemas judiciales y patrimoniales supuestamente avanzados pero que no dejan de sufrir altos niveles de violencia patrimonial y de delitos económicos, tanto contra las personas físicas (los ciudadanos) como contra las personas jurídicas (las empresas). De acuerdo con la *7ª Encuesta Global de Delitos Económicos 2014* de la consultora internacional PwC, que cubre una significativa muestra de países, una de cada tres organizaciones consultadas reportaron haber sido víctimas de algún delito económico durante ese año;[12] esto incluye sobornos en especial y corrupción en general, lavado de dinero, cibercrímenes y fraudes, entre otros. Un alto índice de estos delitos se reporta en Norteamérica y Europa Occidental, regiones donde, paradójicamente, se localizan muchos de los países considerados más desarrollados. El reporte asociado a esta encuesta indica lo siguiente:

Norteamérica reporta consistentemente un alto porcentaje de delitos económicos, lo que refleja el alcance global de los encuestados y los sofisticados niveles de los procesos de detección en esa zona. El fuerte incremento de estos delitos visto en Europa Occidental puede ser atribuible a la reciente elevación en el foco de los reguladores al incluir la Unión Europea, particularmente alrededor de los fraudes en los servicios financieros y bancarios.[13]

Según esta encuesta, de los delitos reportados durante 2014, 41% son fraudes en Norteamérica y 35% en Europa Occidental.[14]

Otro tipo de violencia patrimonial que está creciendo considerablemente en los países desarrollados es el *delito cibernético,* que consiste en aquellos tipos de actos en los que claramente se aprecia la relación entre el uso de la tecnología informática mediante computadoras y servidores y la apropiación ilegal de información valiosa por parte de la delincuencia organizada. Estos crímenes incluyen extorsiones, fraudes y robos masivos de identidades personales; Estados Unidos y Reino Unido son dos de los países más amenazados por esta problemática. En este marco, el delito cibernético le costó a las empresas estadounidenses 12 700 millones de dólares en 2014, 9% más que en 2013. Además, cada vez es más difícil contrarrestarlos: el tiempo promedio para que una investigación policial los resuelva fue de 45 días en 2014, 13 más que el año anterior.[15]

No sobra decir que el panorama para los países no desarrollados o en vías de desarrollo es considerablemente más precario, independientemente de los niveles de delitos económicos reportados en esos territorios. Los países con sistemas de controles patrimoniales y judiciales muy débiles, que tienen altos índices de violencia patrimonial y grados mucho más altos de violencia contra la integridad física de las personas (como México, otra vez, Centroamérica en general, Nigeria o Pakistán), ni siquiera tienen procesos de identificación de delitos económicos que permitan dilucidar la profundidad de la problemática. Es en esta circunstancia de contrastes entre países supuestamente desarrollados *versus* países en vías de desarrollo que exploraremos aquí el problema del lavado de dinero, así como la importancia de mejorar los controles patrimoniales ejercidos por los Estados con la cooperación de la sociedad civil y el sector privado legal con fines de lucro, lo cual engloba a cámaras empresariales, redes sindicales, barras de abogados, organizaciones religiosas u otras con un rol socioeconómico primordial.

Uno debería entender que la extinción, incautación y los decomisos de productos económicos generados por redes criminales, insisto, son una forma indirecta de salvar vidas mediante dos efectos: primero, porque la infraestructura económica dedicada a *almacenar* y causarle daño a víctimas se vería desmantelada y nunca más utilizada para cometer delitos en los que participan indistintamente actores públicos y privados; segundo, porque el decomiso de bienes producidos por crímenes puede reducir los incentivos económicos para cometer nuevas faltas. Es decir, las ganancias esperadas por los delincuentes cada vez serían menores, por lo que los actores dedicados a estas actividades, a la larga, igualmente serían menos.

En esta obra pretendo describir y analizar los reportes que documentan la experiencia internacional acumulada sobre el lavado de dinero, así como la escala y la diversidad de las fuentes que nutren este delito en los países donde el problema se presenta con mayor frecuencia. En este marco, uno observa que de acuerdo con los datos acumulados, tres factores explican la atracción de un país para que sea utilizado a fin de alcanzar el objetivo de lavar dinero:

28

1. Primero, la calidad de las instituciones judiciales y de los controles patrimoniales, los cuales determinan la seguridad jurídica de cada país. Más adelante veremos cómo y por qué, paradójicamente, los capitales sucios se *originan* en los países con vacíos institucionales y controles más débiles, y después de cientos de transacciones se *integran* con mucha mayor frecuencia a las economías de países con la más alta seguridad jurídica, como Estados Unidos, Alemania y Japón. Lo anterior sucede porque los mafiosos, ya sean actores públicos o privados, buscan precisamente certeza legal para esconder sus recursos ilícitos, tanto o más que las personas honestas buscan proteger sus recursos de origen limpio. Por otro lado, los delitos económicos de naturaleza violenta, que dañan la integridad física de cientos de miles de personas y también originan recursos económicos de origen sucio (a través del tráfico de drogas ilegales y de personas), ocurren con mayor frecuencia en países con instituciones judiciales anuladas o de baja calidad.

2. Un segundo factor que determina mayores flujos de lavado de dinero lo representa el tamaño de las economías formales e informales de los países, lo que propicia mayores montos y frecuencias de transacciones lícitas e ilícitas, estas últimas ligadas al lavado de activos.

3. Al mismo tiempo, la presencia e importancia relativa de sectores económicos que por su propia naturaleza facilitan el lavado de activos también representa un factor de estímulo; es así que los países cuyos sectores financieros se caracterizan por un extremo secreto bancario y que no están sujetos a supervisión estatal, regulaciones o al pago de impuestos tienden a promover la entrada de capitales de origen sucio. Los paraísos fiscales *offshore* como Andorra, Barbados, Belice,

Chipre, Islas Caimán, Líbano, Liechtenstein, Malta, Mauricio o Vanuatu entran en esta última categoría.[16] También la presencia de vastos sectores informales en la economía propicia la entrada de dinero sucio por medio del sector inmobiliario, agropecuario y de la construcción. Un reporte de 2014 de la OCDE determina que los sectores económicos ligados a la extracción de recursos naturales, como el petróleo y la minería, son dos estimulantes fundamentales del lavado de dinero, pues están muy ligados a pagos por corrupción política y del sector privado.[17]

Las redes criminales, que casi siempre incluyen a actores políticos y empresariales en su estructura, además de su personal operativo logístico y armado —dedicado tanto a la logística de la producción y comercialización de sus productos ilegales como a la protección armada y el lavado de dinero—, se manifiestan por medio de docenas de delitos complejos, algunos de ellos registrados en países con un Estado de derecho avanzado, incluidos la trata de personas, el tráfico de migrantes y de refugiados, el comercio de armas y de drogas y, en la última fase, el lavado o blanqueo de recursos de procedencia ilícita. Hoy, el tráfico de drogas sigue considerándose la principal fuente de recursos ilegales a nivel mundial para estas organizaciones delincuenciales. La historia que nos atañe aquí es la última parte del ciclo, la de cómo todos los recursos generados por los más diversos delitos anteriormente mencionados se integran a la economía formal en los países con los sistemas políticos y judiciales más avanzados.

El análisis, las conclusiones y recomendaciones de esta obra se fundamentarán en los trabajos realizados por equipos de campo (dirigidos por quien esto escribe en coordinación con grupos de la sociedad civil y de algunos gobiernos), los que nos han permitido reunir datos provenientes de 111 países. Estos trabajos revelan que detrás del crecimiento y enriquecimiento de países y centros urbanos existen fuertes movimientos de dinero sucio; por ejemplo, detrás de la expansión de la ciudad de Miami en la década de los ochenta, del crecimiento económico de la llamada Costa del Sol, en la provincia española de Málaga, en los noventa y principios de este siglo, tras las burbujas en los mercados inmobiliarios de Dubái (Emiratos Árabes) o incluso detrás del aumento exponencial de la riqueza que hoy alimenta a las burbujas en los mercados inmobiliarios de Londres y Berlín, existen delitos violentos cometidos por el crimen organizado en todo el orbe. Estos delitos crecen sin cesar en países tan diversos como Albania, Benín, Camboya, México, Nigeria o Yemen, por eso subrayo: el crecimiento de una significativa parte de la riqueza patrimonial en países con un Estado de derecho avanzado como Estados Unidos o Francia proviene de delitos económicos cometidos por una descontrolada delincuencia organizada que se expande a la par de la sangre de sus víctimas en países con Estados débiles.

La delincuencia organizada es una amenaza trasnacional de naturaleza dinámica que se adapta fácilmente. En el corto plazo, lo anterior genera efectos nefastos en la estabilidad política y el crecimiento económico de los países con Estados débiles que la sufren. Si es difícil medir el tamaño y poder de la delincuencia organizada en el mundo, es aún más complicado dimensionar acertadamente los estragos del lavado de dinero en los sistemas económicos; sin embargo, algunos esfuerzos serios se han realizado para establecer una fotografía de estas problemáticas. Uno de ellos se lleva a cabo en la Unión Europea: de acuerdo con un estudio de la Policía Europea publicado en 2013,[18] existen alrededor de 3 600 grupos de la delincuencia organizada operando actualmente en los 28 países que la componen, pero estos no actúan aislados, pues tienen contacto con estructuras criminales fuera del continente europeo que comparten muchas de sus características organizativas. El reporte anual de la OCDE detalla lo siguiente:

> Estos grupos están cada vez más organizados en red y su comportamiento se caracteriza por liderazgos de grupo y jerarquías flexibles. El comercio internacional, una infraestructura de transporte global que siempre se está expandiendo y el crecimiento de internet y la comunicación móvil han engendrado una delincuencia organizada más internacional e interconectada. Existe una tendencia creciente de estos grupos a cooperar con una gran variedad de nacionalidades o incorporarlas dentro de sus miembros. Esto ha resultado en el incremento de grupos heterogéneos que ya no están definidos por nacionalidades o etnias. El crimen organizado ha sido afectado fundamentalmente por el proceso de la globalización, y ninguno de los grupos o regiones criminales ha permanecido aislado de estos cambios. Los criminales actúan sin inmutarse por las barreras geográficas y ya no pueden ser fácilmente asociados a una región o a centros de gravedad específicos. A pesar de esto, los lazos étnicos, de parentesco, lingüísticos e históricos siguen siendo factores importantes para construir enlaces y confianza, y a menudo determinan la composición de los grupos nucleares que controlan redes criminales cada vez más grandes y diversas.[19]

Como puede verse, ya no existen razones para creer que estos grupos operen solamente en la Unión Europea o que se limiten a la frontera de cualquier país; sin importar su origen, se constituyen por medio de directorios multinacionales. La globalización territorial y económica de los mercados también se aplica a la delincuencia organizada y ha beneficiado a redes criminales por doquier. Los cambios económicos y tecnológicos, que han tenido un efecto en parte beneficioso sobre la generación de riqueza legal —se concentre esta en pocas personas o no—, también han repercutido en cambios no deseados, multiplicando la expansión de redes de grupos criminales de diferentes regiones del planeta por medio de alianzas estratégicas. ¿Cómo identificar los tentáculos de estas redes criminales cada vez más sofisticadas e interconectadas? ¿Cómo medir las ganancias que sus actividades delictivas generan? Y, aún más complicado, ¿cómo establecer estrategias para detectar y anular los canales por los cuales ese dinero sucio se integra a la economía formal? Este volumen intentará responder a esas preguntas.

La escala y diversidad de los recursos patrimoniales producto de actividades delictivas graves representan un monto muy difusamente estimado por investigadores y organismos internacionales; sin embargo, el crecimiento de la amenaza del terrorismo en los últimos años, frecuentemente financiado con dinero criminal, ha apresurado la medición de este fenómeno. Algunos gobiernos han intentado disminuir los incentivos asociados al incremento de actividades delictivas mediante la implantación de tipos penales que sancionen el enriquecimiento ilícito, el fraude fiscal y la malversación de fondos, entre otros. Hay que recordar que el lavado o blanqueo de dinero, es decir, capitales, activos o recursos de procedencia ilícita, es el tipo penal que engloba el intento de legitimar capitales sucios e integrarlos a la economía legal. La existencia previa de un delito es siempre una condición del blanqueo de activos patrimoniales, aunque el lavado pueda ser un delito autónomo que no requiere para sancionarse una sentencia judicial anterior por la actividad delictiva de la cual derivan los recursos materiales que se pretende legalizar.

Mientras más avanza la tecnología para detectar este delito, queda más claro que sus dimensiones son gigantescas, pero hay pocas cifras confiables al respecto provenientes de órganos de seguridad nacionales o internacionales. Una de las primeras organizaciones globales en proporcionar estadísticas sobre el tamaño del lavado de dinero en el planeta fue el Fondo Monetario Internacional. En febrero de 1998, el entonces director gerente del organismo, Michel Camdessus, pronunció en París un discurso durante la sesión plenaria del Grupo de Acción Financiera Internacional (GAFI, o FATF [*Financial Action Task Force*] por sus siglas en inglés)[20] en el que estableció que las transacciones con dinero sucio en el mundo iban "más allá de la imaginación", pues representaban entre 2% y 5% del Producto Interno Bruto (PIB) mundial.[21]

A precios de 1996, esto representaba entre 600 mil millones y un billón y medio de dólares, monto estimado años después por otras organizaciones. En octubre de 2011, la Oficina de las Naciones Unidas contra la Droga y el Delito dio a conocer un informe donde señala que la mejor estimación con que se cuenta es que este delito representa 2.7% del PIB global, es decir, el equivalente a 1.6 billones de dólares a precios de 2009, aunque el mismo estudio reconoce que tomando en cuenta los resultados de varios estudios esta cifra podría elevarse a 3.6% del PIB mundial, equivalente a 2.1 billones.[22] Sin embargo, todos los estudios señalan que estas cifras realmente se quedan cortas, pues la tasa de interceptación y congelamiento de estos capitales permanece aún muy baja y ni siquiera llega a 1% del flujo anual de dinero sucio.

Nuestra imaginación no alcanza para darle una dimensión real al problema. Tal como se mencionó, las facilidades globalizadas para mover capitales, alcanzadas gracias a las nuevas tecnologías cibernéticas conjugadas con algoritmos cada vez más sofisticados, han incrementado el lavado de dinero durante las últimas décadas. El análisis del fenómeno se ha vuelto cada vez más complejo; en esa medida, esta obra pretende explicar y proponer criterios de predicción de la infiltración de redes criminales en la política y en el sector formal de la economía con el fin de corromper autoridades y blanquear capitales.

Generalmente la corrupción política no se toma en cuenta dentro de la delincuencia organizada, pero en este libro se tratarán como fenómenos criminológicos gemelos, pues si bien es difícil determinar qué proporción del blanqueo de capitales mundial proviene de la nociva práctica de la corrupción pública al más alto nivel, es muy claro que existe un círculo vicioso descomunal, ya que la mayor parte de los recursos provenientes de los tráficos de drogas y de seres humanos se utilizan para corromper y lavar dinero, en lo que se aprecia sin duda la mano de la delincuencia organizada. A la vez, una gran proporción de la estructura criminal está compuesta por funcionarios gubernamentales, tal como lo indican claramente casos internacionales como el investigado por la periodista mexicana Lydia Cacho en su libro *Los demonios del Edén*.

Una cantidad no estimada de flujos monetarios sucios proviene directamente de flujos derivados de la corrupción política en países del más diverso nivel de desarrollo y de las más variadas culturas. Una premisa que se propone en esta obra es que no existe ninguna correlación entre la corrupción política y la diversidad cultural; sin embargo, sí la hay entre los niveles de desarrollo institucional más acabados y la más frecuente integración directa de inversiones de origen delictivo en la economía formal.

En síntesis, dos paradojas serán exploradas a lo largo de estas páginas. La primera es que los recursos de procedencia ilícita buscan la seguridad para integrar sus capitales a las economías legales de los países con instituciones jurídicas y judiciales más avanzadas, de la misma manera que ocurre con las inversiones de origen lícito. La segunda paradoja que se explorará tiene que ver con las razones por las cuales el incremento exponencial en instrumentos legales para prevenir y combatir el lavado, junto con la aparición de múltiples y costosísimas instituciones —internacionales, regionales y nacionales— para implementar estas nuevas leyes antilavado, han ido de la mano con un aumento exponencial en los flujos de recursos de procedencia ilícita; ¿esto significa acaso que no puede combatirse el lavado de dinero? ¿Que cualquier esfuerzo nacional o internacional es inútil?

Para reducir los recursos patrimoniales dirigidos al sector ilegal deben conocerse las fuentes que poseen las redes criminales para obtener fondos, es por ello que el primer capítulo de este libro describirá el origen de los bienes económicos de naturaleza delictiva que generan las principales redes criminales alrededor del planeta. El segundo analizará los *modus operandi* más frecuentes del lavado patrimonial con ejemplos concretos; el tercero sintetizará los éxitos y fracasos de los Estados para detener, contener y reducir los flujos de capitales sucios. El cuarto apartado abordará posibles senderos aún no explorados a escala internacional para combatir el blanqueo, mecanismos de cooperación internacional que podrían funcionar en serio independientemente de la voluntad política y empresarial de los países donde se apliquen.

A lo que aspiro es a que esta obra aporte su grano de arena para superar la prosa de la cooperación internacional declarativa, que hoy alimenta a una industria de miles de costosos "expertos" que perciben honorarios varias veces superiores a los de funcionarios nacionales, pero que no generan ningún impacto en la reducción de recursos de origen ilícito que se lavan e integran a la economía formal. Esta obra delineará mucho mejores prácticas nacionales e internacionales que aún no se implementan a nivel de cada Estado y entre ellos, ya sea por resistencias de las élites político-empresariales que viven de la corrupción, o por oposición natural al cambio que supone mayores costos operativos, implícitos en el hecho de controlar con mayor efectividad la entrada de capitales sucios.

Muchas de estas mejores políticas públicas antilavado, aún no puestas en práctica, están ya contenidas en instrumentos jurídicos internacionales irresponsablemente ratificados, sin capacidad real de una mayoría de Estados miembros de la ONU para implementar leyes en la materia. Por ejemplo, cada día es más evidente que las diversas convenciones de la ONU contra la delincuencia organizada y la corrupción no han servido porque no existe ningún mecanismo internacional vinculante y "con dientes" que permita implementarlas en la práctica; las burocracias encargadas de hacerlas cumplir se componen de funcionarios totalmente desligados de cualquier mecanismo de representatividad o de control social, carentes de adecuados sistemas de rendición de cuentas. Dichos funcionarios, técnicamente mediocres en su mayoría, se hallan incrustados en burocracias internacionales que durante años han mantenido lujosos trenes de vida con obscenos ingresos sin vínculo al desempeño y que recitan las convenciones internacionales de país en país desde hoteles de cinco estrellas. Esta patética situación contribuye a comprender una de las paradojas arriba señaladas.

1

Orígenes de los recursos procedentes de redes criminales

Dicen que hasta que lo detuvieron, en junio de 2013, el contador del Vaticano sólo tenía billetes de muy alta denominación en su cartera, por eso lo llamaban *Don 500*. El monseñor Nunzio Scarano fue arrestado después de haber sido acusado por las autoridades italianas de fraude y de corrupción en general: según una investigación, presuntamente el religioso había sacado de manera ilegal 20 millones de euros de Suiza para entregárselos a unos empresarios amigos suyos, constructores de barcos de Salerno, lugar donde nació, en el sur de Italia.[1]

Antes de llegar al llamado "Banco de Dios", Scarano, ordenado sacerdote en 1987 y empleado en el banco de la Santa Sede desde 1988, trabajó en tres instituciones financieras: el Bank of America, el Deutsche Bank y la Banca d'Italia. Fue en ellas donde aprendió todo sobre las transacciones internacionales, y esos conocimientos le rindieron buenos frutos; cuando lo detuvieron, en sus cuentas tenía más de 1 700 000 euros, algo inusual para un hombre que ganaba mensualmente 3 200 euros.[2] Su detención fue uno de los resultados más visibles de una profunda investigación a la que fue sometido el Banco Vaticano, una institución de la que siempre se ha sospechado que maneja dinero sucio aunque poco ha podido comprobarse, pues históricamente la élite vaticana ha sido renuente a cooperar con la justicia italiana. No así el papa Francisco, quien, como en otras áreas, ha dado indicios de ser muy diferente y decidió crear en junio de 2013 una comisión investigadora cuyo primer logro fue la captura de Scarano. Pero el Papa no se conformó con eso: a principios de 2014, Francisco ordenó remover a todos los cardenales encargados de supervisar el Instituto para las Obras de Religión —el nombre oficial del Banco Vaticano, IOR— y nombró a un nuevo equipo conformado por gente de su confianza para poner en marcha la renovación. Días después de esta decisión, la fiscalía de Roma dio a conocer un informe que demostraba que entre las 19 mil cuentas del banco sí había algunas con dinero de origen dudoso.[3]

Tras ese anuncio, monseñor Scarano recibió una segunda acusación formal por lavado de dinero, pues según las investigaciones, por sus cuentas pasaron recursos de "falsas donaciones" procedentes de compañías extranjeras.[4] El caso Scarano enfrentó al Papa incluso con la posibilidad de cerrar el banco, una institución financiera que desde su fundación en 1942 ha estado implicada en escándalos, pero decidió no hacerlo; el 6 de abril de 2014 el Vaticano anunció que el IOR seguiría funcionando, pero tendría que apegarse a una estricta estructura legal e institucional para regular sus actividades financieras. Además, debería responder ante Moneyval, el organismo creado por el Consejo de Europa para combatir el lavado de dinero y el financiamiento al terrorismo.[5] El tiempo dirá si estos nuevos controles ayudan a parar o por lo menos disminuir los señalamientos por blanqueo de dinero en la Santa Sede. Hasta junio de 2015, cuando escribo estas líneas, Scarano no ha pisado la cárcel, se mantiene en arresto domiciliario; la defensa del sacerdote presentó un informe psiquiátrico donde se establece que está imposibilitado para entender la realidad.[6] El proceso contra él aún continúa, para así determinar culpabilidad o ausencia de ella.

Entre tanto, identificar cuentas que lavan dinero en cualquier banco es un asunto sumamente complicado. Entonces, ¿cómo comenzó la investigación a la que fue sometido el Banco del Vaticano para lograr que su titular fuera acusado de lavado de dinero? ¿De dónde salieron tan contundentes pruebas? Fue gracias a la decisión de un hombre que consideró que sanear el banco era una misión divina, y esta lo llevó a vivir una historia de película. El economista Ettore Gotti Tedeschi, miembro del Opus Dei y amigo personal de Joseph Ratzinger, el papa Benedicto XVI, comenzó su labor como director del IOR en 2009 con el objetivo de sanear las finanzas de la institución; pronto se dio cuenta de que detrás de muchas de las cuentas que no eran de religiosos había irregularidades. Constructores, políticos y hasta miembros de la mafia italiana, como Matteo Messina Denaro, jefe de la *Cosa Nostra*, tenían guardados sus fondos en cuentas de prestanombres. Cuando Gotti Tedeschi ya había reunido todas las pruebas para descubrir la corrupción fue despedido en mayo de 2012,[7] y hasta el mayordomo del Papa había sido detenido por filtrar a la prensa documentos de este y otros temas. ¿Cuáles fueron las evidencias que el economista reunió para poder determinar en qué cuentas se lavaba dinero? Una pieza periodística las describe:

Durante los últimos meses al frente del Banco del Vaticano, el economista Ettore Gotti Tedeschi, de 67 años, vivió temiendo que alguno de los hombres fuertes de la Iglesia, con birrete o sin él, diese la orden de matarlo. Por si eso llegaba a suceder, construyó con paciencia de filatélico un voluminoso informe que su secretaria tendría que entregar tras su muerte a dos amigos suyos, un abogado y un periodista, para que ellos a su vez lo hicieran llegar a un tercer amigo: el Papa. Contenía el informe multitud de documentos —correos electrónicos, fotocopias de su agenda, apuntes a mano— que servirían para entender por qué Gotti Tedeschi fracasó en su misión de adecentar el Instituto para las Obras de Religión (IOR). El economista sospechaba que detrás de algunas de las cuentas cifradas del banco se ocultaba el dinero sucio de empresarios, políticos y hasta de jefes de la mafia. Como sucede a veces en las películas, antes del asesino llegó la policía y se incautó del informe. Ahora es el Vaticano el que tiene miedo... Gotti Tedeschi señala en su informe: "Todo comenzó cuando pedí información sobre las cuentas que no pertenecían a religiosos".[8]

Por la dificultad para descubrir dinero sucio, muchos de los hallazgos que se han hecho de estas cuentas han sido, como en el caso del Vaticano, gracias a filtraciones, generalmente como parte de juegos de poder político. Pero desgraciadamente, con los avances tecnológicos y la rapidez con que se realizan las transacciones financieras, los auditores deben tener muy claro qué es lo que están buscando para lograr algún fruto. El caso Vaticano ilustra los alcances más inmediatos de una investigación de activos; sin embargo, en la mayoría de los países no existe un economista que guarde pruebas de transacciones financieras ilícitas durante años como en este tema, y ni siquiera el descubrimiento de presunto lavado de activos en la Santa Sede garantiza que esto vaya a disminuir.

Abordando ya una definición más rigurosa y judicializada, ¿qué es exactamente el lavado de dinero? La Interpol lo define como "todo acto o intento de ocultar o encubrir el origen de ingresos obtenidos ilegalmente para hacer parecer que provienen de fuentes legítimas".[9] En cualquier caso, la mejor forma de entender el tamaño del problema es echarle un vistazo a los grupos más poderosos del crimen organizado.

LA MAGNITUD DEL BLANQUEO

Existe un viejo adagio de la mafia italiana: "El negocio de la mafia es el negocio". Trabajos empíricos de la más amplia gama han intentado durante años estimar las fuentes y los destinos de los recursos económicos de origen ilícito ligados a redes criminales trasnacionales.

Algunas revistas de negocios han generado clasificaciones de las organizaciones delincuenciales más poderosas a partir de los ingresos que perciben mediante la compraventa ilegal de los más diversos bienes y servicios; por ejemplo, la revista *Fortune* posee una que coloca a la *yakuza* —la palabra japonesa para mafia— Yamaguchi-gumi como la red criminal más poderosa del planeta, con un ingreso anual estimado en 80 mil millones de dólares al año derivado del tráfico de drogas de todo tipo, extorsiones, juegos ilegales y resolución de disputas entre empresas.[10] Le sigue, muy lejos según *Fortune,* con un estimado de 8 500 millones de dólares al año, la organización rusa Solntsevskaya Bratva, la cual funciona por medio de una estructura operativa extremadamente descentralizada, compuesta por alrededor de 9 mil elementos organizados en 10 brigadas coordinadas estratégicamente por un consejo de 12 miembros, el cual se reúne con frecuencia en diferentes partes del mundo bajo la apariencia de celebrar las festividades rusas. La organización se dedica al tráfico de drogas, principalmente heroína que transporta desde Afganistán, pero también obtiene ingresos de la trata de mujeres y de menores;[11] se estima que Rusia consume 12% de la heroína mundial, así que el negocio es muy rentable. En tercer lugar, según *Fortune*, se encuentra la Camorra napolitana, una de las cuatro organizaciones trasnacionales de origen italiano más relevantes. Recauda aproximadamente 4 900 millones de dólares al año por medio de diversos delitos: tráfico de drogas y armas, contrabando, extorsiones y contrataciones públicas (por ejemplo, la recolección de basura y el reciclaje de productos en Nápoles son controlados por esta organización), así como por el tráfico sexual de personas, la usura y los juegos ilegales. Le sigue en cuarto lugar la 'Ndrangheta, la segunda organización criminal más importante de Italia, originaria de la región de Calabria; está envuelta en el mismo tipo de actividades que la Camorra, pero se ha especializado en el tráfico de cocaína de Sudamérica hacia Europa, focalizándose en tejer alianzas táctico–operativas con las familias mafiosas italianas de Nueva York (específicamente Gambino y Bonnano). Estas alianzas con grupos estadounidenses han permitido la cooperación entre las autoridades italianas y el FBI para realizar detenciones y redadas en ambos países; de esta manera, docenas de integrantes de la red Gambino–'Ndrangheta han sido detenidos y acusados por tráfico de estupefacientes.[12] Por último, según el *ranking* de *Fortune*, en quinto lugar se encuentra el llamado Cártel de Sinaloa, originario de México, pero que hoy mantiene presencia y opera en por lo menos 59 países del orbe.[13] Lo fundó Joaquín Guzmán Loera, alias *el Chapo*, que como señalo en la introducción a esta obra, por muchos años fue y es nuevamente el capo más buscado en México y Estados Unidos; detenido en 1993, sentenciado, pero sin tocar ni desmantelar su red de políticos y empresarios, se fugó en 2001 de una cárcel de alta seguridad; detenido de nueva cuenta 13 años después, el 22 de febrero de 2014 en Sinaloa, su estado natal,[14] con obvia complicidad institucional se fugó otra vez de otra cárcel de "alta seguridad" el 11 de julio de 2015. Según la publicación, la organización del *Chapo* Guzmán controla aproximadamente 60% del mercado de drogas de Estados Unidos y una proporción creciente en la Unión Europea, lo que se traduce en ganancias de alrededor de 3 mil millones de dólares anuales sólo por el tráfico de estupefacientes;[15] a este ingreso hay que agregar los retornos derivados de extorsiones, contrabando de mercancías, tráfico de personas y de armas. En países con controles judiciales corrompidos y débiles como México, Guatemala y El Salvador, las operaciones de esta organización se caracterizan por su violencia extrema y su poder para aterrorizar a la población, pero al mismo tiempo haciendo gala de la capacidad más sofisticada de corromper a las más altas esferas políticas de los Estados y del mundo empresarial.

Sin embargo, nuevas detenciones e investigaciones podrían cambiar esta clasificación y colocar a una organización mexicana en el primer lugar. El 28 de febrero de 2015 fue arrestado en Puerto Vallarta, en el estado mexicano de Jalisco, Abigail González Valencia, alias *el Cuini*. La captura no acaparó las primeras planas de los diarios nacionales ni se realizaron amplios reportajes sobre el detenido, sólo se dijo que era líder de una organización criminal llamada Los Cuinis; pero investigaciones periodísticas revelaron que para un alto funcionario de la Administración Federal Antidrogas de Estados Unidos (*Drug Enforcement Administration*, DEA por sus siglas en inglés) las autoridades habían arrestado al narco "más rico del planeta" sin siquiera saber quién era, pues "*el Cuini* y sus hermanos (cinco) son los narcotraficantes más ricos porque son quienes venden más cocaína y metanfetaminas en Europa y las autoridades europeas no han logrado confiscarles casi nada de dinero ni de droga. Es decir, sus ganancias se podría decir que son cercanas al cien por ciento",[16] y serían aún más acaudalados que *el Chapo* Guzmán. En abril de 2015, el Departamento del Tesoro de Estados Unidos catalogó a Los Cuinis y al Cártel de Jalisco Nueva Generación, otro grupo criminal relacionado, como dos de los nuevos jugadores más significativos en el tráfico internacional de drogas.[17] El 1 de mayo siguiente, las peleas clandestinas entre ambos grupos y fuerzas federales de seguridad paralizaron la ciudad de Guadalajara, capital de Jalisco y tercera en importancia en el país, con una treintena de bloqueos y la quema de comercios y de vehículos; un helicóptero militar fue derribado y por ello seis militares perdieron la vida.[18]

Hasta el momento en que escribo estas líneas, el gobierno mexicano no se había pronunciado sobre la supuesta riqueza de Los Cuinis, pero algunos reportes periodísticos ya identifican un punto clave donde este grupo lava dinero: inversiones en el sector inmobiliario de algunas ciudades europeas, como Barcelona.[19] Se espera que más adelante salga a la luz nueva información sobre estos nuevos actores en la escena criminal internacional.

Afortunadamente existen estimaciones del lavado de dinero en el orbe más confiables y sujetas a metodologías científicas, es decir, más rigurosas que las de las revistas comerciales estadounidenses; por ejemplo, el trabajo del austriaco Friedrich Schneider, experto en economía informal o *sumergida,* logra resumir las muchas fuentes académicas más serias sobre la materia,[20] obviando las fuentes de datos cuestionables que difunden algunos gobiernos como los de Estados Unidos y México.

Por ejemplo, el gobierno estadounidense estima que el crimen lava alrededor de 29 mil millones de dólares en México.[21] La consultora Stratfor, de ese mismo país, citando al Departamento de Estado, da otra cifra: sostiene que las organizaciones criminales mexicanas envían entre 19 mil millones y 39 mil millones de dólares hacia la vecina nación del norte para integrarlos a la economía formal.[22] Debe resaltarse que ambas metodologías carecen de rigor.

Mientras la gran mayoría de las estimaciones sobre montos lavados parecieran ser solo adivinanzas o propaganda de gobiernos financiada a través de consultoras de seguridad, Friedrich Schneider y sus colegas académicos europeos, sin intervención ni financiamientos discrecionales, han logrado resumir los rangos de montos sujetos a lavado patrimonial y sus fuentes de manera más exacta.

El análisis de Schneider detalla que en 2009 los recursos provenientes de redes criminales se estimaban en un rango de entre 500 mil millones y 2.1 billones de dólares, es decir, entre 2.3% y 5.5% del PIB mundial.[23] De la estimación más alta, unos 1.6 billones entran al sistema financiero internacional, es decir, se lavan recursos por un monto que oscila entre 2.1% y 4% del PIB mundial. Esta valoración se suma a las presentadas en la introducción; ese es el tamaño de la economía criminal que mantienen grupos como los descritos anteriormente.

Pero lo más preocupante del blanqueo de capitales es que cada año que pasa se incrementa. Según estimaciones del Fondo Monetario Internacional, entre 1996 y 2005 el lavado de dinero aumentó 36%, y entre 2005 y 2009 lo hizo 33%.[24] Es un delito que parece imparable.

La distribución regional de los stocks de recursos de origen ilícito canalizados al lavado ha sido estimada por Celent, una consultora especializada en servicios bancarios. En 2002, el total mundial del blanqueo de capitales se distribuía aproximadamente en las siguientes proporciones: 37% se hallaba integrado en las economías del continente americano; 30% en Asia; 26% en Europa y 7% en las regiones más pobres de Medio Oriente y África[25]

Sin embargo, el flujo de crecimiento del lavado de dinero ha sido constante en los países en desarrollo. Entre 2003 y 2012, la circulación de dinero sucio en estas naciones creció alrededor de 9.4% anualmente, llegando a un pico de 991 200 millones de dólares en 2012, según datos de la organización Global Financial Integrity.[26] La región donde más ha aumentado el flujo de dinero sucio es el Medio Oriente y el norte de África: en esta zona creció anualmente 24.2% entre 2003 y 2012, pero sigue siendo Asia la que concentra el mayor flujo de capitales ilícitos, con 40.3% del total.[27]

Una significativa proporción de las transacciones ilegales se realizan en efectivo, lo cual implica la existencia de controles laxos en la colocación de estos recursos en los sectores legales no financieros de la economía —la llamada economía real—, tales como el inmobiliario, el comercial minorista y mayorista, el agropecuario y el de la construcción.

Ahora bien, para entender la dificultad de identificar e investigar el lavado de dinero es necesario entender sus fases. Según el Grupo de Acción Financiera Internacional, existen distintas etapas para lavar recursos de procedencia ilícita:[28]

1. La primera es *introducir o colocar* de alguna manera las ganancias ilegales dentro de un sistema económico formal legal. Esto generalmente se realiza dividiendo el efectivo sucio en pequeños montos que son depositados en una o más cuentas bancarias, o bien comprando distintos instrumentos monetarios, como cheques, o activos líquidos como diamantes o diversas joyas. También el efectivo puede utilizarse para la compra de terrenos. Esta primera etapa se materializa con mucha frecuencia en los mismos países donde se comete el delito, es decir, sin importar su nivel de desarrollo, experimentan esta primera etapa del blanqueo dentro de sus fronteras.

48

2. La segunda etapa del lavado intenta *diversificar* la colocación inicial en diferentes activos para así poder esconder el rastro que conecta al delito con el recurso económico. Un ejemplo típico de esta segunda etapa es el uso de los depósitos bancarios iniciales para comprar bonos o acciones en empresas pantalla (*shell companies*) o constituir en países con vacíos regulatorios —por lo general denominados "paraísos fiscales"— fideicomisos que sólo se crean para canalizar recursos de origen ilícito. Así define el GAFI esta segunda etapa:

> Después de que los fondos han entrado en el sistema financiero, comienza la segunda etapa. En esta fase, el lavador de dinero se involucra en una serie de conversiones o movimientos de los fondos para alejarlos de su fuente. Los fondos pueden ser canalizados mediante la compra y venta de instrumentos de inversión, o el lavador simplemente traslada los fondos mediante una serie de cuentas en varios bancos en todo el mundo. El uso de cuentas dispersas es especialmente frecuente en aquellas jurisdicciones que no cooperan con las investigaciones contra el lavado de dinero. En algunas instancias, el lavador puede disimular las transferencias como pagos por bienes y servicios, dándoles una apariencia legítima.[29]

3. Finalmente, la tercera etapa del blanqueo de capitales consiste en la *integración* y *asignación de recursos* de procedencia ilícita a la compra final de bienes de inversión directa a largo plazo en los mercados más desarrollados, aquellos que se encuentran en países que gozan de mayores niveles de Estado de derecho y por lo tanto ofrecen inversiones más seguras y mejor protección a la propiedad privada. Esto ha sido demostrado por varias investigaciones científicas que documentan los macro flujos de dineros sucios hacia inversiones extranjeras directas

en activos fijos en los países que ofrecen mayor protección regulatoria y judicial de la propiedad privada.[30] Es en esta fase cuando los lavadores deciden invertir en bienes raíces, artículos de lujo, infraestructura fija productiva o en algún otro negocio emprendedor con altas tasas de retorno cuyas ganancias obviamente se declaran después a las autoridades tributarias para así poner fin al ciclo de blanqueo. En este contexto, el funcionario corrupto y los empresarios criminales esperan muchas veces pagar impuestos como manera de legitimar sus capitales de origen sucio.

Pero ¿de dónde provienen los recursos que son blanqueados? La primera fuente en que uno piensa es, obviamente, el tráfico de drogas mezclado con la corrupción de funcionarios públicos, la cual acumula un promedio de 20% del total de lavado de dinero a nivel mundial, pero hay otros delitos igual de importantes relacionados con esta actividad. De acuerdo con algunas investigaciones, los recursos procedentes del tráfico de drogas, armas y personas constituyen entre 27% y 31% del total mundial de recursos económicos de procedencia ilícita, pero el Fondo Monetario Internacional concluye que más de 50% de los recursos sucios provienen de fraudes fiscales y de fugas de capitales ligadas a delitos menos graves.[31] Sin embargo, existen otras estimaciones. La organización internacional Global Financial Integrity establece en su reporte de 2011 que aproximadamente 50% de los recursos económicos que genera la delincuencia organizada proviene de drogas de todo tipo (lícitas como farmacéuticos e ilícitas como la cocaína), mientras que la falsificación, contrabando y piratería de mercancías representan 39%. Por otro lado, la trata de personas representa aproximadamente 5% de las ganancias ilegales que obtienen las redes criminales a escala mundial. Otros delitos que generan recursos a las redes de la delincuencia organizada son los siguientes: tráfico ilegal de petróleo y gas (2%); tráfico de flora y fauna (1.4%); tráfico ilegal de maderas y de pesca marina (1.1% cada uno); tráfico ilegal de arte y objetos arqueológicos (0.8%); tráfico ilegal de oro (0.4%) y, finalmente, el tráfico de órganos humanos, armas livianas y diamantes (0.1% cada uno).[32]

Los más recientes esfuerzos para estimar los flujos de dinero hacia países destinatarios, donde se integra a largo plazo el dinero sucio a las economías legales, han sido publicados por los científicos Walker y Unger en 2009.[33] Desde 2009 a la fecha no hay razón para pensar que estos flujos de dinero han variado demasiado en su composición.

La investigación de Walker y Unger estima que 18.9% de los flujos de lavado de dinero mundial se destinan e integran en la economía formal de Estados Unidos. Le siguen las Islas Caimán (4.9%), Rusia (4.2%), Italia (3.7%), China (3.3%), Rumania (3.1%), Canadá (3%), el Vaticano (2.8%), Luxemburgo (2.8%), Francia (2.4%), Bahamas (2.3%), Alemania (2.2%), Suiza (2.1%), Bermuda (1.9%), Países Bajos (1.7%), Austria (1.7%), Hong Kong (1.6%), Reino Unido (1.6%) y España (1.2%).[34] Entre todos estos países se concentra 67.1% de la integración final de capitales ilícitos dentro de la economía formal a nivel global, aunque nadie sabe a ciencia cierta qué porcentaje de dinero sucio corresponde a flujos de lavado por corrupción.

En cualquier caso, es claro que una proporción creciente del blanqueo no podría haber existido sin esa corrupción política al más alto nivel.[35] Y dado que esta siempre conlleva una operación en red que involucra a tres o más personas que cometen un delito con motivaciones económicas, debería ser tipificada como delincuencia organizada. ¿Acaso hay algo que la diferencie de ella?

Un ejemplo extremo de esta corrupción política al más alto nivel podemos encontrarlo en África. El general Sani Abacha llegó al poder en Nigeria mediante un golpe de Estado en 1993, y aunque fue presidente *de facto* de ese país por apenas cinco años, hasta su muerte en 1998, su gobierno pronto se convirtió en un ejemplo de vasta corrupción política e impunidad total. En 1994 tomó medidas para tener poder absoluto,[36] y según algunas estimaciones, él, su familia y algunos amigos sacaron del país entre 2 mil millones y 5 mil millones de dólares durante su gobierno y los depositaron en cuentas de Reino Unido, Suiza, Francia, Luxemburgo y Estados Unidos.[37] Casi dos décadas después, los nigerianos siguen luchando para que el dinero saqueado y lavado por el dictador en los mercados financieros de las economías y democracias más avanzadas regrese a su país.[38] La técnica para lavar el dinero en el caso Abacha se basó en pequeños depósitos en distintas cuentas en bancos diferentes. Según las autoridades, la mayor parte de los recursos relacionados con Abacha provienen del crimen organizado ligado con contrabando masivo de armas y petróleo nigeriano. Este ejemplo deja ver lo complicado que es rastrear el dinero sucio.

Pero no sólo en los países menos desarrollados podemos encontrar casos así; también en Estados Unidos, el mercado más vasto del planeta para la integración final del lavado de dinero. En 2012 las autoridades de esa nación detectaron que el banco HSBC podría haber sido utilizado para el financiamiento de actividades terroristas por parte de iraníes, y separadamente por narcotraficantes de México y Colombia y hasta por la mafia rusa para introducir sus ganancias ilegales en el mercado financiero formal; así lo detallaba una investigación del Senado estadounidense sobre lavado de dinero enfocada en instituciones financieras específicas.[39] Pero, al igual que la del Banco del Vaticano, una investigación parlamentaria o judicial exitosa requeriría de muchos elementos para ser concluyente: la recolección de 1.4 millones de documentos, incluidos registros bancarios, correspondencia, correos electrónicos y alegatos legales. Además, fueron entrevistados 75 empleados de HSBC y sus filiales, así como personal de los entes reguladores del gobierno estadounidense. Hasta otros bancos que tenían en su poder cuentas relacionadas con ese banco colaboraron con los legisladores estadounidenses. Según el informe, HSBC siempre mostró cooperación durante toda la pesquisa.[40] Desgraciadamente, pocas veces se juntan todos estos elementos a favor en una investigación sobre lavado de dinero.

La investigación pudo determinar que las sucursales de HSBC en el estado de Sinaloa, en México, habían presuntamente canalizado unos 1 100 millones de dólares en efectivo a Estados Unidos tan sólo durante 2008, es decir, 11 232 000 dólares diarios. El informe fue tan preciso que incluso pudo determinar que para hacer más efectivo el depósito de cantidades tan elevadas de billetes, los lavadores diseñaron cajas especiales del tamaño exacto de la ventanilla de la sucursal bancaria: así, el dinero nunca estaba a la vista y los cajeros podían llevarlo directamente a la bóveda.[41] Al final, la institución financiera pagó una multa de 1 920 millones de dólares. Y aunque en este caso no queda evidenciada, para que estos movimientos bancarios se realizaran por tanto tiempo, no se alejaría de toda lógica y realidad que pudiese haber existido corrupción pública; sin embargo, esto no fue documentado en el informe.

Según algunas estimaciones, los recursos que genera la delincuencia organizada en Estados Unidos oscilan actualmente entre 7% y 8% del PIB nacional, pero si se incluyen los flujos derivados de los fraudes financieros y fiscales, el total de recursos patrimoniales ilícitos llegaría a 49%.[42] Claramente se observa que la diferencia entre los flujos generados por medio de delitos graves y delitos económicos de menor gravedad indica que el fraude fiscal y el fraude financiero representan los delitos económicos más voluminosos en Estados Unidos.

Italia tiene una larga lista de casos de lavado de dinero, pues muchas de las mafias más fuertes a nivel mundial son de ese país. Datos analizados por la organización SOS Impresa en 2010 muestran que los flujos económicos derivados del tráfico ilegal de estupefacientes en esa nación se estiman en 67 128 millones de dólares. El tráfico de drogas es claramente la principal fuente de recursos económicos del blanqueo de capitales; además, este dinero se utiliza para la cobertura de los gastos operativos e inversiones de las redes criminales italianas. Según el informe, le siguen los recursos obtenidos por la agricultura y los *ecobusiness*, que representan alrededor de 17 900 millones de dólares. Otras fuentes de las organizaciones delincuenciales italianas son los ingresos obtenidos por *mafiocréditos* a personas y empresas (16 700 millones de dólares anuales), el tráfico de personas (14 500 millones de dólares anuales) y los pagos por "protección" (10 mil millones de dólares por año). Finalmente, las mafias italianas tienen ingresos por otras dos actividades delictivas: contrabando y corrupción de licitaciones públicas (7 mil millones de dólares anuales) y el tráfico de armas (5 590 millones de dólares).[43] En este país europeo, el total generado por delitos graves ligados a redes criminales se estima en 150 940 millones de dólares por año, lo que representa 8.9% del PIB italiano, una cifra asombrosa considerando que Italia es la tercera economía más grande de la Unión Europea.[44] Por ejemplo, el trabajo empírico del investigador Stefano Gurciullo da cuenta de cómo la mafia siciliana lava dinero con mayor frecuencia a través del sector de la construcción, en galpones de almacenamiento de puertos marítimos y en el sector del transporte.[45]

Tenemos también el caso de los Países Bajos. En este país europeo, 73% de todos los flujos estimados derivados de delitos provienen de los fraudes de varios tipos: financieros, en la provisión/recepción de servicios sociales y tributarios. Les siguen los flujos ilícitos por tráfico de estupefacientes, que representan sólo 12.4% del total de dinero sucio, y finalmente el tráfico de migrantes, que representa 3.1% del total. En los Países Bajos cada año se estima que existe un flujo de capitales sucios que oscila entre 13 400 y 21 200 millones de dólares, lo que equivale a entre 2.6% y 4.3% del PIB de la nación.

Es claro que gran parte de estos recursos generados por redes criminales no sólo se destina a ser blanqueada en los mercados financieros y sectores reales de las economías legales: una proporción que oscila entre 20% y 45% de los recursos derivados de transacciones ilegales son asignados a gastos operativos e inversiones para que después las redes criminales posean la capacidad operativa para cometer más delitos y seguir generando recursos. Una investigación periodística muestra exactamente cómo se financian las operaciones de grupos que cometen actos de terrorismo, mediante secuestros cada vez más frecuentes y complejos; por ejemplo, los ingresos generados por los rescates que pide Al Qaeda en el Magreb y Yemen para liberar a extranjeros secuestrados por ellos, principalmente europeos, cubren todos los gastos operativos de sus actos de terrorismo.[46]

Si bien ya se han mencionado algunos ejemplos del lavado de dinero que efectúan organizaciones criminales mexicanas, es necesario ampliar lo que sucede en México, uno de los países donde se generan más flujos financieros ilícitos. Según Global Financial Integrity, México ocupa el tercer lugar entre los países en desarrollo que más producen recursos ilegales, sólo detrás de China y Rusia. Entre 2003 y 2012, las mafias que operan en el país generaron ganancias por 514 259 millones de dólares por sus actividades ilícitas;[47] además, la delincuencia organizada mexicana ha ampliado su abanico de delitos en las últimas décadas, y estos nuevos crímenes han multiplicado recursos que necesitan ser colocados en la economía formal.

El secuestro, en todas las escalas, es entre estos nuevos delitos el que más azota a la población de altos, medianos y hasta de bajos recursos en México. Según cifras oficiales, la privación ilegal de la libertad se incrementó 245% entre 2003 y 2013.[48] Para mediados de 2014, organizaciones de la sociedad civil aseguraron que México es el país donde más secuestros se cometen en el mundo,[49] y esa realidad puede verse en todos los periódicos día a día. Siendo México la única puerta más o menos abierta que queda para la migración hacia el primer mundo, dado el endurecimiento de las políticas migratorias europeas, el secuestro masivo de migrantes se convirtió en un gran mercado para las organizaciones criminales que buscaban expandir sus ganancias como Los Zetas, uno de los grupos con tintes paramilitares más poderosos de México. Para entender la magnitud de este nuevo problema, es necesario comprender los datos disponibles. La Comisión Nacional de los Derechos Humanos mexicana logró documentar casos de secuestros de migrantes entre septiembre de 2008 y febrero de 2009, en los que fueron privados de la vida 9 758 extranjeros. "Se documentó que en el sur del país fueron secuestrados 55% de las víctimas; en el norte, 11.8%; en el centro 1.2%, mientras que no fue posible precisar el lugar donde fueron secuestradas 32% de las víctimas."[50]

El secuestro es sólo uno de los 23 tipos de delitos que realiza la delincuencia organizada. Esto implica que un grupo, conformado normalmente por tres o más personas, prive o simule privar ilegalmente de la libertad a otra(s) persona(s) por razones financieras o materiales; entre las motivaciones materiales se encuentran la trata de seres humanos y la desaparición forzada de personas para esconder actos de corrupción y represión política.

México se encuentra entre los cinco países con mayor delincuencia organizada con violencia física del planeta, después de Afganistán, Irak, Siria y Nigeria.[51] Si bien el secuestro estándar y el virtual requieren de secuestradores con capacidad previa para acumular información de inteligencia sobre los patrones de comportamiento y antecedentes patrimoniales de las víctimas potenciales —por medio de autoridades corrompidas del sector público o miembros del sector privado, por ejemplo bancos y hoteles—, también es verdad que en un ámbito de impunidad judicial y social extrema, como es el caso mexicano y de algunos países de Centroamérica, donde nueve de cada 10 secuestros nunca son judicialmente investigados y castigados, quitar la libertad a personas de manera "aleatoria" y sin información previa sobre las víctimas es también muy rentable.

Todos los países con los índices más altos de secuestro se distinguen por una impunidad judicial conjugada y agravada por altísimas frecuencias de blanqueo de recursos de origen ilícito, lo que es posible gracias a los fuertes vacíos institucionales para investigar, decomisar o extinguir bienes igualmente de procedencia ilícita. Estos vacíos de Estado otorgan a los delincuentes un gran paraíso patrimonial para esconder con total impunidad y hasta con normalidad los recursos económicos originados del secuestro en los sectores informales y legales no financieros de la economía, por ejemplo, en la compra de bienes inmuebles y en el sector agropecuario. Por todo esto, México hoy es un país de *bajo costo* para los grupos de la delincuencia organizada, mexicanos y extranjeros, que quieran operar en su territorio nacional. Además, ante los 26 vacíos de Estado que sufren diversos países —todos señalados en mi libro *Vacíos de poder en México*—, no se pueden esperar reducciones en los índices delictivos si los recursos patrimoniales originados por cometer delitos graves son reciclados para cometer más delitos e integrados sin problema en la economía formal. Este círculo vicioso de la delincuencia se alimenta por medio de un defectuoso sistema legal y judicial que no extingue, no incauta y no decomisa patrimonios de origen sucio. En México y en otros países no parece haber disposición política para que esto cambie: ante mi reiterada insistencia año tras año en medios de comunicación y mediante reuniones con algunas de las más altas autoridades del gobierno federal mexicano, la actual administración del presidente Enrique Peña Nieto se ha comprometido de palabra a establecer unidades de investigación patrimonial autónomas del Ejecutivo en cada uno de los 32 estados del país, con el fin de combatir los delitos organizados y su reflejo patrimonial de donde se origina el dinero sucio. En naciones con sistemas políticos de naturaleza federal, esto no puede lograrse si no existen acuerdos políticos entre autoridades federales y los gobernadores estatales; sin embargo, frente al miedo de los políticos de que se descubran abusos en el financiamiento de sus campañas y la paralizante corrupción desorganizada en que está inmersa la élite gobernante mexicana, después de más de dos años de espera estas unidades siguen sin existir. Debemos entender que el cada vez mayor número de secuestros en México está en gran parte explicado por la incapacidad del Estado para investigar, decomisar y extinguir las raíces patrimoniales de los flujos de recursos ilícitos, vinculados muchas veces a la corrupción de autoridades; sigue sorprendiendo que la extinción judicial por materia civil o los decomisos por materia penal en casos ligados a redes criminales continúen brillando por su relativa ausencia cuando este combate siempre tiene un impacto directo en disminuir delitos como el secuestro.

EL CIBERCRIMEN

Como colofón de esta sección sobre la magnitud del delito de lavado, es muy importante destacar que con mayor frecuencia los delitos perpetrados por la delincuencia organizada, desde el tráfico de drogas hasta el blanqueo de capitales, se producen o procesan en parte o en su totalidad por medio de la infraestructura cibernética–informática–electrónica que proveen los países más avanzados.[52] Esto significa que viejos y nuevos tipos de delitos se cometen mediante computadoras o redes de éstas y de sistemas informáticos *cloud*.[53] La Comisión Europea define al *cibercrimen* como formas tradicionales delictivas, tales como el fraude o falsificaciones, perpetradas por medio de comunicaciones electrónicas, redes y sistemas de información, además de la publicación ilegal en los medios electrónicos y delitos propios de las redes electrónicas.

Los delitos plasmados en la Convención sobre Cibercrimen, enmarcada en el Consejo de Europa, incluyen el acceso ilegal (*hacking*) a datos informáticos, la interferencia ilegal de datos informáticos, el daño–alteración–supresión–eliminación ilegal de datos informáticos, el sabotaje informático, por ejemplo mediante el ataque a sitios *web*, el fraude perpetrado en datos informáticos, la pornografía infantil y, por último, violaciones a la propiedad intelectual de datos informáticos, hasta conformar y definir nueve tipos de delitos dentro de esta clasificación.[54] Cuatro de ellos ya están definidos en los códigos penales de los países del

Consejo de Europa (por ejemplo, el fraude, los delitos contra la propiedad intelectual o la pornografía infantil), y cinco constituyen nuevos actos delictivos de carácter patrimonial que deben ser definidos o mejorados en su definición en los instrumentos legales de los países miembros, como el acceso ilegal a datos informáticos, la interceptación ilegal de datos informáticos, la interferencia ilegal con sistemas informáticos o el uso ilegal de sistemas o artefactos informáticos.

El cibercrimen ha crecido considerablemente, al grado tal de que algunos informes sugieren que ya deja más ganancias que el tráfico mundial de marihuana, cocaína y heroína combinados.[55] Un reciente informe estima que estos tipos de delitos patrimoniales que derivan en lavado de dinero originan aproximadamente 388 mil millones de dólares al año, lo cual excede a los flujos de lavado derivado del tráfico de drogas hoy aún ilegales.[56] Claramente la falsificación de *software* y el robo de información privada han sido cruciales para que el blanqueo no disminuya. Más específicamente, los cibercrímenes contra los gobiernos constituyen entre 65% y 67% de los costos globales ocasionados por estos delitos.[57] En estos cibercrímenes se incluye a los ciberfraudes, delitos cada vez más relacionados con el lavado de dinero, siendo estos de todo tipo: fiscales, contra los sistemas de asistencia, de salud pública y de pensiones, así como en los procesos de licitaciones públicas de cualquier tipo de servicio u obra.

Los departamentos de policía de las naciones con mayores recursos públicos han estado invirtiendo billones de dólares para contrarrestar el flujo de cibercrímenes, pero aún sin resultados. Las propias agencias de inteligencia de países como China y Estados Unidos han cometido recientemente cibercrímenes a través de violaciones masivas a los derechos humanos ligados con la protección de datos personales. Desde luego, lo anterior representa un desafortunado incentivo para los mercados criminales de extracción de datos.

LO MICROINSTITUCIONAL: LA CORRUPCIÓN POLÍTICA

La determinación de los diversos orígenes de recursos procedentes de ilícitos obedece a los enfoques metodológicos macroeconómicos, aquellos que han producido estimaciones numéricas para dimensionar la magnitud del blanqueo de capitales y que ya he mencionado en este capítulo. Estas estimaciones son atractivas para la prensa y a la vez dan una idea aproximada del fenómeno; sin embargo, este enfoque cuantitativamente descriptivo no ayuda a los gobiernos a generar una estrategia efectiva contra el lavado de dinero vinculado con mafias en su territorio.

En contraste, el equipo de investigación que dirijo se ha especializado en un enfoque microinstitucional por medio del análisis puntual del trabajo de agentes de inteligencia patrimonial-financiera, policías especializadas (tales como la Guardia de Finanzas en Italia), fiscales y jueces, todo reflejado en la labor judicial plasmada en muestras representativas de expedientes judiciales sobre causas ligadas a delincuencia organizada. Este análisis de expedientes se dirige, entre otros objetivos, a determinar la importancia relativa de cada uno de los orígenes de los recursos de procedencia ilícita. Aún más importante, la técnica microinstitucional analiza las actividades ilícitas puntuales de los generadores de los recursos ilegales. De ese modo los tomadores de decisiones podrían dirigir sus esfuerzos de investigación hacia áreas específicas y no hacia todo el espectro de 23 tipos de delitos o sólo hacia drogas. Mediante una muestra de casos en los más diversos países, la metodología que sustenta este enfoque integral señala que existen distintos niveles y dimensiones de infiltración de la delincuencia organizada en los Estados.

En el primer nivel se encuentra el muy conocido acto de corrupción individual y aislado, el que se comete para que un funcionario público ejerza o deje de ejercer su función legal establecida. Este tipo de acto delictivo simple, como en todo acto de corrupción, compromete el interés público con fines privados en el marco de un *quid pro quo,* por ejemplo, para procesar documentos o hacer avanzar los fines de una organización delictiva. Estos mismos grupos criminales obtienen información sobre procedimientos judiciales para sus propósitos: los sobornos permiten tergiversar registros oficiales, destruir material probatorio y corromper y amenazar a testigos.

En el segundo nivel está la corrupción en red[58] de personas físicas y jurídicas implicadas ya sea en cohechos, fraudes, malversación de fondos u otros tipos de corrupción, lo que se da frecuentemente en funcionarios públicos, al grado tal de que se transforman en virtuales empleados de redes criminales que controlan las decisiones de una institución pública o privada con el propósito de cometer delitos, incluido el blanqueo de dinero; con ellos, cualquier organización se asegura un constante flujo de información confidencial desde el mismo gobierno. Este tipo de infiltración permite que una red criminal se vaya afincando dentro de los países. Un ejemplo claro de esto son vastos territorios de México o Nigeria gobernados por criminales que desde hace varios años tienen comprados elementos de las instituciones de seguridad o miembros de las patrullas fronterizas, transformándolos así en traficantes de drogas u otros contrabandos —como el de petróleo— para organizaciones criminales, casos que han sido cada vez más frecuentes en los últimos años.[59]

Aquí debemos recordar el valiente y técnicamente impecable trabajo de investigación de la periodista Ana Lilia Pérez, quien ha evidenciado los vínculos patrimoniales entre corrupción política y delincuencia organizada en relación con el tráfico de petróleo en México.[60]

La metodología microinstitucional mediante el análisis de causas judiciales muestra que existe un tercer nivel de infiltración en las instituciones del Estado: cuando elementos de la organización criminal son colocados directamente dentro de sus estructuras. Los criminales son designados como funcionarios públicos a un nivel gerencial intermedio, tal como lo demuestran los incrementos en procesamientos judiciales contra jefes de policías o de aduanas en Estados Unidos desde 2003.[61] Múltiples ejemplos presentados por colegas demuestran la infiltración criminal de este tipo en ámbitos políticos, judiciales, administrativos, policiales y aun académicos.[62]

Los patrones de comportamiento patrimonial de redes criminales que he descubierto junto con mi equipo de trabajo manifiestan un cuarto nivel de infiltración patrimonial del Estado, el más profundo, que implica una captura real de este por parte de grupos criminales; este tipo de infiltración abarca áreas totales de la administración pública que podrían incluir jefaturas de policía, jefes de fiscalías, magistrados y hasta jefes de inteligencia. A lo largo de estas páginas se mencionarán algunos de los casos más escandalosos en la escena internacional.

Nuestro análisis microinstitucional de expedientes judiciales en decenas de países demuestra que significativas proporciones de los recursos de procedencia ilícita (entre 20% y 35% del total) se canalizan para capturar Estados por medio de la corrupción de autoridades, por ello es tan importante tener en cuenta este factor cuando se habla de blanqueo de capitales.

Cuando la corrupción política se ha extendido hasta la cúpula puede darse el quinto nivel de corrupción del Estado: en este las organizaciones criminales se enfocan en comprar a actores políticos y en colocar a sus miembros en importantes posiciones de poder. Abundan los ejemplos de políticos comprados, colocados o forzados a servir a los criminales mediante amenazas. Uno de los casos más graves de penetración de los criminales en una clase política es el español: informes dan cuenta de una generalizada corrupción política municipal a lo largo y ancho de España, ligada a empresas de bienes raíces y de construcción creadas por criminales, ya sean traficantes de drogas o armas; destaca el caso de la región de Marbella en la provincia de Málaga, en el sur de ese país.[63] El caso de Bulgaria es aún más impresionante, ya que en una sola red social nacional se mezclan empresarios legales, empresarios criminales y actores políticos que muchas veces en la misma persona adoptan los tres papeles. Asimismo, también ocurre una captura del Estado mediante el diseño y redacción de instrumentos legales sesgados para beneficiar a una red criminal o a otra en su colocación de activos, o incluso en las contrataciones de servicios públicos o de personal.

El caso francés es un buen ejemplo de cómo puede ayudar la corrupción política al lavado de dinero. Francia ha generado un nutrido análisis de casos para determinar el origen de los recursos de procedencia ilícita, principalmente drogas, trata de personas, prostitución, contrabando, tráfico de migrantes y robo de vehículos, en orden de magnitud. Los delitos patrimoniales más diversos constituyen el origen de recursos de procedencia ilícita hacia el territorio francés, desde otros países de donde provienen las redes criminales, por ejemplo, lavado de dinero y delitos financieros ligados a delitos cibernéticos (de Rusia); prostitución (a cargo de grupos criminales de origen búlgaro, rumano, ruso y de países de los Balcanes); producción de artículos piratas (a cargo de redes de origen chino); deuda y otro tipo de extorsiones (Rusia, China); tráfico de armas (Rusia); robo de vehículos (Rusia, Polonia, Ucrania y Bulgaria).[64] Claro que a estos grupos criminales más sofisticados se suman las redes criminales autóctonas del sureste francés —Lyon y Córcega— y las redes criminales regionales ligadas con grupos de migrantes ilegales o socialmente marginados; muchas veces los mercados de bienes y servicios criminales desde donde se originan los recursos hacen que estos tres grupos cooperen entre ellos.

En este sentido, los grupos criminales tradicionales de Francia poseen redes de corrupción policial más desarrolladas que garantizan protección a otras redes criminales extranjeras que operan en ese país, por ejemplo, grupos criminales del puerto de Marsella (la tercera ciudad francesa más importante) cobran una tasa por protección a grupos criminales nacionales y extranjeros. La isla de Córcega, la "Sicilia francesa", es otro ejemplo: sus padrinos son al mismo tiempo líderes de movimientos independentistas y dueños de empresas, es decir, se fusionan los fondos del sector público con actividades económicas lucrativas de líderes políticos por medio de la corrupción. La profundidad de la corrupción política en esas tierras queda clara cuando se recuerda que en los años noventa del siglo pasado dos movimientos nacionalistas formaron un frente de liberación que finalmente se dividió debido a desacuerdos sobre cómo dividir los ingresos por impuestos de extorsión.[65]

Como puede observarse, los vínculos abiertos y notorios entre la política y la delincuencia organizada no se limitan a los casos más publicitados de crimen organizado y corrupción política en México, Nigeria o Rusia; en todo el orbe, en mayor o menor medida, existen estos vínculos. Hay que recordar que si bien los delitos organizados más violentos y estruendosos, con lanzagranadas y fosas comunes, ocurren en países con Estados débiles (tales como México, Nigeria o Pakistán) o fallidos (Afganistán o Somalia), los capitales de origen sucio fluyen como una catarata y se integran bajo una aparente *pax mafiosa* en las naciones con los sistemas legales y judiciales más avanzados, con los mercados de capitales más estables y la protección más rigurosa a los derechos de propiedad; es por ello que las redes criminales que se ubican en Alemania, Francia, Japón o Estados Unidos son mucho más poderosas patrimonialmente que las que operan en Argentina, Bolivia, México o Nigeria. De esta manera, paradójicamente, el poderío y la mayor escala de los mercados criminales reflejan los de los mercados de capitales, donde el mayor tamaño de capital limpio permite a las redes criminales esconder el dinero sucio dentro de un gran bosque. Esto explica por qué más de 60% de este capital encuentra su destino en las economías más poderosas de la OCDE.

El enfoque microinstitucional basado en el análisis de muestras o universos de casos de delincuencia organizada y corrupción en cada país lleva a la formación de una base de datos internacional sobre el comportamiento patrimonial de las redes criminales; la sistematización de información permite descubrir rasgos comunes o identificar diferencias regionales. Los trabajos publicados que resumen estos hallazgos muestran que el análisis de expedientes permite determinar el origen puntual de los recursos de procedencia ilícita de cada organización criminal.

Es por ello que, más allá de las campañas publicitarias de agencias gubernamentales como la DEA, este análisis de casos judiciales permite confrontar mitos, desinformación y propaganda gubernamental con datos duros. Es así que, por ejemplo, en México era común leer entre 2004 y 2008 descripciones de la red

criminal denominada Los Zetas como una organización para-
militar dedicada al tráfico de drogas exclusivamente, pero si uno
examinaba año tras año los expedientes judiciales con acusaciones penales sobre miembros de ese grupo procesados en Estados
Unidos, era evidente que cometían otros 18 tipos de delitos y el
tráfico de drogas era cada vez menos importante.[66]

El mal gobierno del entonces presidente mexicano Felipe
Calderón, sesgado por las presiones antidroga del gobierno de
Estados Unidos, no reconoció esta diversidad delictiva. Alimen-
tado con reportes de "expertos" neófitos, creados de la noche a
la mañana, y por politólogos comprados por el dinero gubernamental, el gobierno mexicano expandió su lucha antidrogas sin
considerar la magnitud de otros delitos organizados mucho más
graves, tales como la trata de personas y el tráfico de migrantes.

No asombra que ya en 2010 el que escribe haya declarado
que no existía ni estrategia ni éxito esperado en los espasmos bé-
licos antidrogas. A los que analizamos datos duros y no acepta-
mos los diseñados para complacer al gobierno, no nos sorprendió
la catástrofe de inseguridad que desde México se exportó al resto
de la región a partir de 2006.

Más aún, mediante el análisis de campo microinstitucional
explicado en este capítulo, ya en 2005 se podía identificar por
medio de expedientes judiciales 22 tipos de delitos que cometían
las mafias mexicanas,[67] incluidos el tráfico de personas, secuestros
de todo tipo, la extorsión directa y la cibernética, fraudes de las
más diversas categorías, la falsificación de marcas por medio de
alianzas cada vez más frecuentes con redes criminales asiáticas y
el tráfico de armas, entre otros. Hay que tener en cuenta que de
acuerdo con el análisis del material probatorio surgido de nuestra
investigación, el narcotráfico aportaba sólo entre 45% y 52%
de los ingresos brutos de estas organizaciones; el resto provenía

de otras ganancias relacionadas con 21 tipos de delitos.[68] Es así que si hipotéticamente el consumo de drogas en Estados Unidos y Europa se hubiese desplomado a cero de la noche a la mañana, las mafias mexicanas hubieran continuado en pugna por la captura del Estado mexicano para asegurarse el abastecimiento de bienes y servicios ilícitos ligados a esos delitos. Lo observado en México también resultó aplicable a expedientes judiciales que nuestros equipos analizaron en Centroamérica, Venezuela, o en Argelia, Nigeria o Sudáfrica.[69]

Lamentablemente, las élites políticas de los Estados de la mayoría de los países en desarrollo, ya sea por influencia de la corrupción política al más alto nivel, por amenazas de violencia o por ignorancia supina, no reconocen la diversidad de los tipos de delitos patrimoniales organizados y menos aún toman medidas para frenar el flujo del lavado de dinero desde sus orígenes. En este sentido, uno puede decir que la globalización económico–financiera ha cambiado la fisonomía de todas las economías y sistemas políticos del orbe en mayor o menor medida, pero los gobiernos de la mayor parte de las naciones del planeta continúan bailando al mismo ritmo defectuoso de políticas públicas represivas, limitadas a lo policial–militar y diseñadas hace décadas, sin poseer una estrategia integral que abarque los 22 tipos delictivos económicos que cometen las organizaciones criminales trasnacionales.

El hecho de que las redes criminales no se dediquen sólo al narcotráfico hace necesario diseñar una estrategia que involucre medidas mucho más complejas para combatir al mismo tiempo la falsificación de marcas, el tráfico de armas, la pornografía infantil, el tráfico de seres humanos y el tráfico ilegal de flora y fauna (todo conjugado con cibercrímenes y corrupción política asociada), pero el desconocimiento o la ignorancia supina de los "equi-

pos de seguridad" de sucesivos gobiernos africanos, asiáticos y latinoamericanos los limitan solamente a colocar más policías y más soldados para solucionar un vasto problema empresarial– criminal. ¿Cómo podría esta visión dar fruto? De ese modo, personas que aspiran a las presidencias en países tan diversos como Argentina, Malasia, México o Nigeria ni siquiera consideran estrategias de seguridad humana compatibles con la diversidad y escala de los orígenes patrimoniales de las redes criminales.[70]

No ha de pasarse por alto que desde 1994 el análisis microinstitucional de miles de expedientes judiciales en 111 países de todas las regiones demuestra que existen investigaciones policiales abiertas y reportes de inteligencia financiera que dan cuenta de la presencia de la delincuencia organizada en el planeta entero, y en cada nación busca diferentes tipos de ventajas comparativas,[71] por ejemplo:

- Existen países donde se establecen bases de lavado patrimonial en sectores económicos formales, tales como en Argentina, Chile, Estados Unidos, Unión Europea, y Uruguay.
- Países donde las redes criminales buscan fuentes de provisión de insumos para la posterior producción y provisión de bienes o servicios ilícitos, como Argentina, Bolivia, Perú, China e India.
- Países donde se establece una base logística operativa para la producción, transporte y provisión de bienes o servicios ilícitos, como Argentina, Ecuador, Estados Unidos, Guatemala, Honduras y la Unión Europea.

A la delincuencia organizada nacional se le debe describir en su dimensión real y amplia como una estructura que incluye a elementos del Estado, del sector privado empresarial legal y de la sociedad civil, agrupando fragmentos corrompidos de iglesias, sindicatos, etc. En este sentido, la delincuencia organizada debe analizarse como un fenómeno pernicioso que hace metástasis en la vida socioeconómica, y al que debe desmantelarse con medidas de políticas públicas que abarquen la prevención social.

El reconocimiento público y oficial de una verdadera radiografía del problema criminal en sus justas dimensiones permitirá que se pueda comenzar a diseñar una estrategia de combate y prevención del lavado de dinero acorde con la complejidad del fenómeno. Reconocer los datos duros microinstitucionales que constan en expedientes judiciales y en reportes de inteligencia patrimonial permite consolidar datos para identificar vínculos trasnacionales entre redes criminales (hoy invisibles para cualquier procesamiento judicial que se limite a lo nacional y sólo al derecho penal), así como sus ganancias financiero–económicas, y abonará en el delineamiento de mejores prácticas internacionales basadas en la cooperación entre Estados y sociedad civil.

2

Destinos y métodos de ocultamiento de recursos procedentes de redes criminales

Redes criminales de naturaleza horizontal, con escasos rangos de autoridad y jerarquías, representan hoy la estructura organizacional más frecuentemente usada por la delincuencia. Estas redes por lo común utilizan empresas fachada (*front companies* o *shell companies*) en paraísos fiscales *offshore* (tales como los mencionados en el capítulo anterior)[1] para blanquear los ingresos provenientes de sus delitos, como ya vimos, y terminen así pareciendo recursos de origen lícito. Para lograr este objetivo pueden utilizarse lo mismo pizzerías, como hicieron las mafias italianas asentadas en las principales ciudades de Estados Unidos para lavar aproximadamente 1 600 millones de dólares en ingresos obtenidos por el tráfico de heroína,[2] o casas de cambio y de empeño[3] como las que utilizaron los narcotraficantes mexicanos en el centro de ese país para transferir sus ganancias a bancos internacionales tales como HSBC, el que según reportes periodísticos de comparecencias ante el Congreso de Estados Unidos admitió adolecer de fallas en su sistema de cumplimiento antilavado, lo que permitió que aproximadamente 7 mil millones de dólares de origen ilícito pasasen por el sistema financiero para ser lavados.[4] Lo importante es integrar los recursos a la economía formal sin que nadie lo note.

71

Como ya he señalado en esta obra, los flujos derivados de actividades ilícitas tienden a "integrarse" a la formalidad y blanquearse con mayor frecuencia en los mercados legales de países con economías estables y gobiernos respetuosos de la ley. Estas naciones reúnen las siguientes características: altos niveles de conectividad de sus mercados financieros con el resto del planeta a través de, por ejemplo, la red mundial de telecomunicaciones interbancaria (como la Sociedad de Telecomunicaciones Financieras Interbancarias Mundiales, o SWIFT, por sus siglas en inglés); altos niveles de seguridad jurídica asociada a la protección de capitales; altos niveles de PIB per cápita y, por último, relativamente escasas auditorías de cuentas bancarias con gran resguardo del secreto bancario. Estos factores representan los indicadores de "atracción gravitacional" —para usar una analogía con la teoría newtoniana— identificados por los estudiosos de la materia; es por ello que más de 67% de los flujos de lavado de dinero del orbe terminan siendo integrados en los países más ricos, los mejor establecidos y con instituciones judiciales más desarrolladas. Paradójico pero racional para los criminales: ¿hay algún lugar mejor para sus ganancias que los mercados estables y más protegidos en su propiedad privada por jueces efectivos?

Dada la enorme complejidad que implica la globalización de las interacciones económicas conjugada con las innovaciones tecnológicas, los procesos y técnicas para lavar dinero son cada vez más difíciles de identificar y prevenir. Esto supone una enorme diversidad de técnicas de lavado, diversidad que se incrementa a medida que se reducen los tiempos y los requisitos tecnológicos para realizar transacciones financieras internacionales; por ello, los policías y funcionarios gubernamentales especializados en el combate al blanqueo nunca son suficientes para identificar y desmantelar estas redes.

En el proceso de prelavado o colocación, muchas personas realizan pequeños depósitos de efectivo en el sistema financiero bancario o no bancario o compran cheques de viajero con documentos de identidad falsificados, compran joyas u obras de arte o simplemente utilizan efectivo en algún casino. ¿Cómo identificar estas transacciones, si a primera vista parecen poco significativas?

En la siguiente etapa del lavado se intenta esconder el dinero haciendo que circule lo más posible por el resto del planeta y lejos de donde se obtuvo ilícitamente: bancos corresponsales, cheques y depósitos colectivos, préstamos a muy bajas tasas de interés, sobre y subfacturaciones de importaciones y exportaciones, falsificación de pólizas de seguros de vida, compras y ventas ficticias, empresas pantalla y hasta el abuso o fraude de fideicomisos. ¿Qué posibilidades hay de que algún regulador detecte estos movimientos? Es difícil, ya que se necesitan muchos recursos humanos esmeradamente capacitados en interacción con agencias investigadoras de diversos sectores y niveles.

Existen tres tipos de instituciones que son víctimas o participantes en el proceso de blanqueo de capitales: las instituciones financieras receptoras de depósitos, las instituciones no financieras que reciben los recursos y las instituciones que conectan a otras instituciones no financieras con otras organizaciones. Por supuesto que siempre existe una persona como gran *coordinadora*, la cual diseña el proceso internacional de lavado cuando se trata de recursos asociados a redes criminales trasnacionales. Estos *arquitectos* muchas veces poseen títulos universitarios, principalmente auditores, contadores, banqueros y abogados. Este proceso por lo regular implica la corrupción de empleados y propietarios de instituciones financieras, pero en otros casos involucra fallas inexcusables del sector financiero privado, que simplemente mantiene controles defectuosos sobre los depósitos que recibe. El caso de HSBC es un ejemplo de esto.

Es importante detallar que los canales preferidos por los criminales para limpiar sus ganancias normalmente tienen que ver con el uso de sectores económicos legales que involucran servicios cuyo pago es muy frecuente que se realice en efectivo, es decir, pequeños negocios, indispensables para cualquier comunidad: estos pueden ser restaurantes, lavadoras de automóviles, gasolineras, empresas de construcción, máquinas de venta de cigarrillos o bebidas, negocios de estacionamiento de automóviles, casinos y *strip clubs*, entre muchos otros. Otro canal importante para blanquear capitales que involucra la participación creciente de empresas legales lo constituye el sector de las importaciones y exportaciones.

Hay que señalar que entre los medios usuales de lavado se encuentran las amnistías fiscales ofrecidas muchas veces por los gobiernos para tratar de recaudar más impuestos. Así ha ocurrido en países tan diversos como Reino Unido y Argentina, cuyas autoridades, en lugar de incentivar las declaraciones fiscales, terminan ofreciendo una vía para que vastos flujos de recursos de origen ilícito puedan ser más fácilmente canalizados a sectores legales.[5]

El uso de sistemas electrónicos de transferencia internacional de efectivo virtual también es un canal ideal para que grupos criminales trasladen recursos de origen ilícito al sistema formal. Como ejemplo tenemos a una financiera internacional costarricense, Liberty Reserve, que fue la protagonista del caso de lavado de dinero considerado como uno de los más grandes de la historia, pues se le imputó que logró colocar al menos 6 mil millones de dólares ilícitos en el mercado formal tan sólo en cinco años. Mediante esta empresa un millón de usuarios de todo el mundo realizaron aproximadamente 55 millones de transacciones ilegales entre 2006 y mediados de 2013,[6] relacionadas con fraudes con tarjetas de crédito, robos de identidad, fraudes en inversiones, *hackeo* de sistemas informáticos, pornografía infantil e incluso tráfico de drogas. Era muy fácil utilizar a Liberty Reserve, pues sus controles sobre los usuarios eran prácticamente nulos; un artículo periodístico especializado en esta materia documenta lo siguiente:

> Liberty daba por internet servicios de transferencia de dinero sin tener controles, pues el usuario obtenía una cuenta en la firma con sólo suministrar una dirección válida de correo electrónico. Tanto es así que un agente encubierto que se registró como "Juan Falso. Dirección: Calle inexistente, número 123. Ciudad Inventada. Objetivo de las transacciones: Para trabajos de clonado en cajeros automáticos y para la cocaína", infiltró la organización para "desnudar" las operaciones.[7]

La investigación a Liberty Reserve comenzó en 2010 cuando el Servicio Secreto de Estados Unidos notó que esta empresa financiera era utilizada por un ladrón de identidades vietnamita para vender los datos personales que robaba de la red.[8] Liberty Reserve cerró en mayo de 2013 por una orden de las autoridades estadounidenses amparadas en la Ley Patriótica,[9] y mediante la participación y coordinación judicial de 16 países en las indagatorias; en ese momento contaba con más de un millón de usuarios. Siete personas fueron detenidas, entre ellas el fundador de la empresa, un ucraniano de 39 años naturalizado costarricense, pero las autoridades estadounidenses todavía no han podido condenarlo por lavado de dinero.[10]

El caso Liberty Reserve es uno de tantos que ilustran cómo los avances tecnológicos han hecho cada vez más fácil el lavado de dinero. Las tecnologías permiten la interconexión casi total.

Podemos tipificar los siguientes 12 métodos, identificados como los más frecuentes para lavar dinero por medio de tecnologías cibernéticas:

1. *Las transferencias electrónicas interbancarias* mediante empresas legales fachadas o empresas genuinas capturadas por redes criminales son un mecanismo de bajo costo y seguro, por lo que se han convertido en las favoritas de los criminales. Por lo común estos flujos de dinero pasan por diferentes bancos en decenas de jurisdicciones nacionales antes de llegar a su destino, con el fin de ocultar su origen. Los depósitos en efectivo y el uso de transferencias bancarias sin las apropiadas verificaciones de las identidades de la persona que envía y de la que recibe, como en el caso de la empresa costarricense Liberty Reserve, son el método más detectado y documentado por las investigaciones judiciales en la materia. Debido a la sofisticación de las transacciones, es muy difícil fincar responsabilidades a las personas involucradas, por lo que los castigos muchas veces son sólo económicos; así fue en el caso de HSBC citado anteriormente. Las sofisticadas técnicas de ocultamiento de activos y los errores o fallas en los mecanismos preventivos del banco concluyeron con sólo una multa de 1 920 millones de dólares.[11]

2. *Los sistemas informales de transferencia de valor* son mecanismos compuestos por intermediarios financieros no regulados ni controlados por ningún Estado, que permiten el recibo de un valor activo (oro, diamantes u otras mercancías) en una ubicación geográfica específica gracias a la entrega de dinero en un lugar distinto, sin que los recursos financieros deban fluir de una ubicación a otra. En la mayoría de los casos, estos mecanismos informales no están efectivamente regulados y no

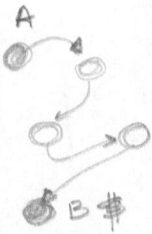

están sujetos a ninguna obligación legal de mantener registros contables, identificar a clientes o reportar transacciones inusuales, lo que ha convertido a estos sistemas en los predilectos de muchas organizaciones criminales para la transferencia de fondos durante la primera etapa en el proceso de lavar dinero, es decir, su colocación en el sistema financiero inmediatamente después de haberse cometido el delito. De tal manera, como estas transferencias se realizan sin que el dinero deba moverse ni física ni electrónicamente, es más fácil esconder su origen ilícito. Estos mecanismos funcionan en red: alguien "envía" dinero a otro lugar, y en el sitio de origen un aval financia ese préstamo bajo la promesa de que le será pagado. Si el receptor de este monto desea ir en persona a recolectar el dinero, el mensajero comunicará un código secreto para que el receptor lo utilice a la hora de la entrega. Prácticamente no existe vestigio escrito de la transacción, o si existe se destruye normalmente después de la entrega del monto; al agente acreedor o aval se le deberá un monto total que será la suma de muchas transacciones informales de este tipo. Por lo regular el agente receptor y el acreedor tienen otros negocios no relacionados, casi siempre exportaciones e importaciones[12] para después compensar ("*clear*") deudas existentes. Un ejemplo de estos mecanismos son las llamadas *hawalas*, formas informales de transferencia de dinero que existen en el mundo árabe patrocinadas por los *hawaladars* o avales, personas que tienen el suficiente dinero como para costear las transacciones. Este sistema se sustenta en la confianza de los integrantes de la red.

Existe un debate entre expertos sobre este tipo de transacciones informales, unos a favor y otros en contra de su regulación. Por un lado, estos sistemas representan un canal esencial para que migrantes pobres y pequeñas empresas puedan enviar recursos esenciales a sus familias o proveedores a fin de que sobrevivan económicamente en sus lugares de origen; países como India, México o Yemen han mantenido su escaso desarrollo social por décadas gracias a servicios de este estilo informal. Sin embargo, es innegable que este sistema ha sido enormemente aprovechado por delincuentes organizados, y es que los recursos que se transmiten por esta vía son cuantiosos: anualmente son transferidos por este mecanismo a India 58 mil millones de dólares, a Arabia Saudita 42 mil millones, a Pakistán 3 mil millones, y a Afganistán 2 500 millones.[13] Pero no sólo en países en desarrollo funcionan estos sistemas: se calcula que en España se mueven 113 mil dólares diarios mediante los hawalas.[14]

3. *El contrabando de efectivo* representa una muy común aunque poco sofisticada técnica para esconder recursos obtenidos de manera ilícita. Según la consultora estadounidense Stratfor, este es el método preferido por criminales mexicanos y colombianos para lavar dinero. Quizás este método haya sido el predilecto de grupos criminales muchos años atrás, en la época de Pablo Escobar, sin embargo, hoy en día el transporte transfronterizo de dinero físico es una caricatura de la realidad del lavado, ya que las redes de empresas lavadoras hacen posibles transferencias electrónicas de cuantiosas sumas de dinero mediante casas de cambio que reciben el *"cash"*. El Departamento del Tesoro de Estados Unidos estima que en 2012 las organizaciones criminales mexicanas enviaron entre 19 mil y 39 mil millones de dólares de Estados Unidos a México,[15] ganancias obtenidas principalmente por el tráfico de estupefacientes y la trata de personas.

En general las ganancias de los ilícitos son transportadas de países con sistemas financieros y económicos muy supervisados y con más riesgo de decomiso a otros con menos controles; un indicador de contrabando de efectivo por medio de redes criminales lo proporciona, por ejemplo, el aumento significativo en la venta de billetes de mayor denominación en los países de origen de los recursos.

El dinero producto de la venta ilegal de drogas en Estados Unidos es por lo común transportado a galpones de almacenamiento para su conteo; habitualmente de pequeña denominación (entre cinco y 20 dólares), es cambiado por billetes de mayor valor para ser transportado con más facilidad. Los fajos de billetes son envueltos en un material que los aísla del medio ambiente (plástico, papel metalizado o de otro tipo) y son escondidos entre algún producto de fuerte olor, como café o pimienta, para despistar en las aduanas a los perros entrenados para identificar mercancía de contrabando. El dinero sucio es transportado en aviones privados, camiones o embarcaciones marítimas, cada vez más en compartimentos escondidos de apertura electrónica que requieren muchas veces un código. Es frecuente que ni siquiera los choferes de las unidades que transportan el dinero estén al tanto de lo que llevan: cada unidad llega a trasladar hasta un millón de dólares en su interior, y las técnicas para distraer a los oficiales de aduanas son diversas; muchas veces transportes señuelos, muy llamativos, son enviados por delante de los cargamentos valiosos para llamar la atención y evitar inspecciones.

Pero el contrabando de efectivo no sólo requiere de un buen transporte, este sistema frecuentemente está respaldado por otro de comunicación de contrainteligencia, que guía los cargamentos hacia puntos aduanales con menos riesgo de intercepción.

79

Una vez que el dinero llega a su destino, comienza la transferencia de los recursos a otros lugares, muchas veces de nuevo el país de origen mediante casas de cambio, algunas de ellas ilegales: han sido detectados incesantes depósitos de casas de cambio afganas, colombianas, indonesias, mexicanas, nigerianas y rusas, entre otras, en cuentas bancarias de Estados Unidos y de la Unión Europea.

4. *Las transacciones del comercio internacional en la economía real* son otra forma de blanquear capitales. Estas operaciones consisten en transferir recursos de origen ilícito de un país a otro por medio de los sectores reales de las economías nacionales, sin la necesidad de usar los sistemas financieros en las transferencias. Esta forma de blanqueo es cada vez más utilizada por redes criminales:[16] consiste en, por ejemplo, comprar artículos de exportación en el lugar donde se generaron los recursos ilícitos y enviarlos a los países de lavado; estos pueden ser lo mismo alimentos que girasoles holandeses o jeringas, da igual. Después de la compra de los productos a "exportar" cobran importancia la sobrefacturación, la subfacturación y la múltiple facturación de mercancías, así como la sobrecarga y subcarga de embarcaciones y la falsificación de la descripción de las mercancías.[17]

Un ejemplo puede ayudar a entender este mecanismo. Un individuo libanés con residencia en Beirut importaba cocaína desde Perú, Colombia, Bolivia y México a través de África occidental, la que después vendía en el Medio Oriente y la Unión Europea; las autoridades de Estados Unidos tenían conocimiento de un banco en Beirut que era utilizado para realizar operaciones sospechosas que involucraban mucho dinero intercambiado entre una casa de cambio (también propiedad del dueño del banco) y cuentas pertenecientes al mismo banquero libanés en Beirut. El dinero de la venta ilícita de drogas en Europa llegaban en *cash* a la casa de cambio en Beirut y esta los depositaba en las cuentas bancarias, con lo que se llegaba a ocultar por mes unos 200 millones de dólares ligados al tráfico de unas 100 toneladas de cocaína.[18] Luego de sacar de Beirut el dinero mediante distintos mecanismos hacia cuentas bancarias de agencias de venta de autos usados en Estados Unidos, estas más tarde exportaban vehículos usados a diferentes capitales del oeste de África, y los fondos derivados de estas ventas eran después transferidos electrónicamente a Líbano en un reciclaje financiero; finalmente, algunos fondos eran transferidos desde Líbano a Latinoamérica mediante operaciones comerciales de exportación e importación. Estos recursos eran el pago a los productores y distribuidores de cocaína.

Otra vía para pagar a los narcotraficantes latinoamericanos era mediante la compra en Asia de mercancía de exportación hacia América Latina, que llegaba muy subfacturada a Colombia a nombre de empresas legales de importación ligadas a los productores de cocaína. Una vez recibidas, estas importaciones se vendían legalmente en el mercado local, cambiando los recursos a la moneda local, integrando así los recursos provenientes de la venta de drogas u otros ilícitos a la economía legal. Como puede verse, es un largo camino.

5. *Casinos, carreras de caballos, loterías y otros juegos legales* representan otro mecanismo muy frecuente para blanquear capitales. Los recursos provenientes de actividades delictivas a gran escala son divididos en pequeñas cantidades de efectivo y a través de miles de cómplices son canalizados a casas de juego legales. La compra de fichas de casino y su intercambio por un cheque emitido por el mismo local para su posterior

depósito, la compra de billetes "ganadores" de loterías o la apuesta en carreras de caballos para intercambiar el premio por un cheque "limpio" emitido por la entidad que provee el juego legal, representan mecanismos muy usuales para esconder el origen de dinero sucio.

6) *Las pólizas de seguros* son también otro mecanismo cada vez más utilizado por los criminales para lavar dinero. Las redes delincuenciales compran pólizas de seguro con efectivo de origen ilegal y luego cancelan la póliza, recibiendo así las primas invertidas con una penalidad por la cancelación prematura. Con un cheque limpio, los prestanombres acuden al sistema bancario a realizar su depósito. En México, los productos de este tipo más vulnerables al lavado son los seguros de vida con opción de incremento de suma asegurada, los seguros contra todo riesgo para residencias y apartamentos de lujo, seguros de daños para vehículos de lujo, lanchas, yates, barcos, avionetas y helicópteros, y los seguros sobre negocios legalmente constituidos.[19]

7. *La adquisición de acciones y de otros instrumentos de crédito* representa otro mecanismo frecuente para blanquear capitales en mercados con escasa regulación. Existen tres prácticas comunes usadas para lavar dinero por medio del mercado de capitales: *a)* las transacciones basadas en información privilegiada (no pública) en manos de personas con obligaciones fiduciarias ligadas a las empresas que emiten las acciones o el instrumento de crédito; *b)* la manipulación del mercado de capitales, y *c)* el fraude en la compraventa de instrumentos de crédito o acciones, lo cual involucra conjuntamente la manipulación y las transacciones basadas en información ilegal.

8. *La compraventa de minerales, ya sea de metales o de piedras preciosas, así como las inversiones en el sector energético* de varios países

constituyen canales cada vez más utilizados por grupos criminales. Más allá de si una red criminal toma control de una empresa minera o energética desde su estructura (como ha ocurrido ya en Colombia, México y Rusia) o si extorsiona y soborna a las capas gerenciales de las empresas del sector para apoderarse del mineral que trabajan para después distribuirlo informalmente (como también es el caso de México y las mafias que habitan en el estado de Michoacán),[20] lo cierto es que una proporción cada vez más significativa de los ingresos de los grupos delincuenciales proviene del sector minero y es lavada ahí.

9. *Empresas genuinas y empresas pantalla en paraísos fiscales* son los mecanismos de lavado que más frecuentemente se asocian al tráfico de armas, drogas y a la falsificación de mercancías. Los recursos de origen ilícito pueden ser transferidos a empresas perfectamente legales, donde se mezclan con recursos legítimos como si fueran ingresos operativos. Negocios asociados a transacciones intensivas en efectivo, tales como restaurantes, se ajustan muy bien a las necesidades de los lavadores, pues pueden introducir sus recursos en *cash* sin demasiada sospecha, ya que la mayoría de sus transacciones lo involucran, lo cual hace muy complicada la detección de los movimientos sospechosos de capital.

10. *La compraventa de inmuebles* residenciales o comerciales también es uno de los canales que más utilizan las redes criminales para blanquear sus ingresos. Este no ha sido tan vigilado por los gobiernos como los sectores financieros, debido quizá a los beneficios que el lavado inmobiliario genera al sector legal de la construcción en ganancias y en generación de empleo, lo que se traduce en beneficios políticos a los gobiernos en turno. Este tipo de lavado es esencial para la generación

de burbujas en los mercados inmobiliarios.[21] La mafia japonesa, las llamadas *yakuzas*, utilizaron mucho esta vía para blanquear sus activos en la década de los noventa, al grado de que el mercado inmobiliario de Tokio estaba dominado por empresas relacionadas con estos grupos criminales; hoy en día aún es difícil concluir que este sector está libre de la presencia de las mafias.[22] Los vínculos entre corrupción política y lavado patrimonial en los sectores inmobiliarios son vastos e internacionales: la *Primavera Árabe* ha revelado cómo cuantiosos recursos públicos provenientes de Egipto, Libia y Túnez terminaron en las cuentas bancarias de dictadores o invertidos en propiedades de lujo en países como Francia e Italia. Otro ejemplo proviene de Ucrania: Pavlo Lazarenko, primer ministro de ese país entre 1996 y 1997, compró una casa de 6.7 millones de dólares en California con recursos de dudosa procedencia, lo que detonó una investigación que terminó en una sentencia por lavado de dinero en Estados Unidos. Las autoridades estadounidenses lo acusaron de haberse robado 144 millones de dólares cuando era ministro de Energía, cargo que ocupó antes de ser primer ministro, y esconderlos en cuentas de todo el mundo. De esa fortuna, 21 millones habían sido depositados en cuentas de ese país.[23]

Otro ejemplo del blanqueo de capitales involucra a un país africano y otro europeo —Guinea Ecuatorial y Francia—, y es considerado uno de los mayores casos de malversación de fondos entre ambos continentes. Teodoro Obiang es presidente de Guinea Ecuatorial desde 1979 —uno de los dictadores africanos que más han permanecido en el poder—, y se reporta en medios periodísticos que ha amasado una gran fortuna por medio del sector energético, pues su país es uno de los principales exportadores de petróleo del continente; su hijo, Teodorín Nguema Obiang, quien también es vicepresidente de Guinea Ecuatorial, fue acusado formalmente en 2012 por el gobierno francés de lavar dinero, y le confiscó una mansión en un lujoso barrio de París, así como varios autos exclusivos, entre ellos un Bugatti Veyron 16.4 y un Maserati MC 12.[24] Antes, en 2011, el gobierno estadounidense ya había detectado que el hijo del dictador adquirió una lujosa mansión en Malibú con dinero sospechoso. Teodorín Nguema Obiang vive actualmente en Guinea Ecuatorial y no puede abandonar el país porque tiene una orden de aprehensión girada por fiscales franceses.[25] Otros dos líderes africanos han enfrentado cargos ante la justicia francesa, Denis Sassou, del Congo, y Omar Bongo, de Gabón,[26] pero ninguno fue encarcelado.

El blanqueo de capitales vía la compra de propiedades ha tenido tal éxito que ciudades enteras han sido construidas con dinero sucio o sustentado su esplendor en él, como Las Vegas en Estados Unidos y algunas ciudades en el norte italiano, así como en el Báltico.[27] En Italia el poder de la mafia ha sido tal que en 2012 se estimaba que el crimen organizado era el principal banco nacional, con ganancias superiores a 113 mil millones de dólares anuales.[28]

Ha habido múltiples intentos para medir cuántos recursos ilegales se mueven en el mercado inmobiliario. Un estudio realizado en Canadá determinó que los agentes de bienes raíces se encontraban entre los cuatro sectores que más tenían contacto con redes criminales. El primer lugar lo ocupan las instituciones financieras, pues en sus mostradores se realizan los depósitos de los activos ilegales; en segundo sitio están los agentes de seguros, y en tercero, los abogados. Otros sectores de la población muy susceptibles a hacer tratos directos con criminales son los agentes de compraventa de automóviles, contadores, agentes de casas de cambio y quienes manejan acciones y otros instrumentos de crédito.[29]

Es importante entender el efecto desestabilizador sobre los mercados inmobiliarios que el lavado patrimonial ocasiona. En Kenia y Sudáfrica, por ejemplo, el incremento sin precedentes en los precios de propiedades residenciales ha causado que la mayoría de la población laboralmente activa no consiga obtener un préstamo hipotecario.[30] Han sido muy publicitados los casos de lavado patrimonial en el sector de bienes raíces en algunos lugares, como la costa española y la francesa del Mediterráneo, México y Dubái, entre otros. La compraventa de propiedades en Dubái con dinero de incierta procedencia contribuyó mucho a que estallara en 2009 una burbuja inmobiliaria que desplomó los precios de las propiedades en más de 50% y que necesitó un rescate millonario,[31] pero ni esa advertencia hizo que este miembro de los Emiratos Árabes Unidos mejorara sus controles sobre el mercado de bienes inmuebles. En 2014, expertos en mercados de propiedad y sus burbujas financieras aseguraron que otra vez había indicios de un problema como en 2009, pues en 2013 los precios de las propiedades aumentaron en más de 20%.[32]

La *yakuza* japonesa, como ya expliqué, ha sido fundamental en el descontrol de la economía nipona. Al inflarse los precios de propiedades comerciales debido al *tsunami* de dinero sucio en la economía, llegó un punto en que los deudores hipotecarios normales ya no podían pagar sus préstamos a los bancos japoneses, muchos de los cuales contaban con miembros de la *yakuza* en sus directorios.[33] Esta organización criminal ha invertido también en campos de golf en Hawái y en infraestructura turística y hoteles a lo largo y ancho del sudeste asiático.[34]

Existen ejemplos de este tipo en casi todos los países. Según testimonios y evidencia recolectada por fiscales de los Países

Bajos, lujosas residencias y enormes centros comerciales construidos en las costas de Turquía han estado asociados al lavado patrimonial, lo que ocasionó una sobreinversión y desocupación de propiedades en esas zonas.

En el continente americano, México es uno de los países con más muestras de lavado patrimonial, pues los controles en el mercado de bienes raíces de lujo son prácticamente nulos. En este país el proceso de lavado se concentra en las fases de colocación y diversificación pero no en la de integración. Es así que la corrupción política se expresa mediante la compraventa de propiedades costosísimas (aunque muchas veces de muy mal gusto) que diputados y secretarios de Estado y hasta ex presidentes y presidentes ostentan con desfachatez, cuando toda lógica humana encontraría injustificable el origen de ese dinero. Estos patrimonios de origen ilícito están basados en sobornos, tráficos de influencias y conflictos de interés, y ejemplos a miles se observan por doquier en los mercados inmobiliarios más costosos de la capital mexicana, Monterrey, la zona del Caribe (Cancún) y la península de Baja California.[35] Pero los criminales de este y muchos otros países han invertido más allá de las fronteras, pues investigaciones han demostrado que adquirieron propiedades inmobiliarias a precios muy bajos en zonas de Arizona, Estados Unidos, acosadas por el desempleo y la crisis económica, propiedades que después son utilizadas para almacenar efectivo, así como a seres humanos víctimas del tráfico de migrantes y la trata de personas.[36]

Estos casos dejan ver que el lavado de dinero en el sector inmobiliario es mucho más común de lo que creemos en los países con un buen nivel de desarrollo. Además, ligado a la trata de personas, el blanqueo ha sido identificado por autoridades judiciales en hoteles, bares y restaurantes en varias naciones, como los Países Bajos y otras de Europa, como Bulgaria e Italia.[37] Los casos investigados por los fiscales europeos dan cuenta sobre cómo recursos de origen criminal búlgaro y turco fueron invertidos en Ámsterdam a tal punto que controlaban el *red district* (distrito rojo) de la ciudad, dedicado al entretenimiento para adultos; por ello, las autoridades holandesas decidieron cerrar 20% de las vitrinas rojas de esa ciudad.[38] Pero volvamos al recuento de tipologías del lavado para así enumerar las dos siguientes.

→ muy difícil de contar (?)

11. *Tarjetas de crédito y de débito* que proveen de mecanismos para que pagos por adelantado y acreditados realizados con dinero sucio en ellas puedan ser retornados por medio de un cheque limpio emitido por la entidad emisora de la tarjeta.
12. *Operaciones con las máquinas de extracción de dinero,* que en la subcontratación de sus servicios de instalación y mantenimiento a empresas ligadas a redes criminales hacen posible "llenarlas" de dinero sucio para que el banco encargado de registrar sus ganancias pueda certificar que es dinero limpio.

idem

ESFUERZOS CONTRA LA CORRUPCIÓN

Dado que una de las principales condiciones que estimulan el lavado de dinero a mayor escala y con más éxito es la fusión de la corrupción política y la delincuencia organizada, entonces será conveniente tratar las diferentes formas de lavado que estimulan tal fusión.

Como resultado del escándalo Watergate, que obligó a renunciar al presidente Richard Nixon en 1974, pues se comprobó que el mandatario espiaba a integrantes del Partido Demócrata, Estados Unidos fue el primer país del mundo en aprobar y aplicar leyes para regular el financiamiento de las campañas políticas y tipificar diversos tipos de corrupción relacionados. Entre los lineamientos que los estadounidenses aprobaron se encuentra una ley contra la corrupción de personas físicas y jurídicas que también afecta a personas extranjeras que realicen negocios en territorio estadounidense, llamada *Foreign Corrupt Practices Act* (FCPA), promulgada en 1977.[39] Desde entonces, Estados y organismos regionales e internacionales han creado diversos instrumentos jurídicos (o convenciones) contra la corrupción.

En este contexto, varios países promulgaron sus propias leyes posteriores y compatibles con estas convenciones. Como resultado, en los últimos 20 años presidentes y primeros ministros de todo el orbe han sido depuestos mediante juicios políticos y judiciales en países tan diversos como Brasil, Ecuador, Colombia, India, Italia y Trinidad y Tobago, por mencionar sólo algunos; además, sistemas políticos asociados a un partido único, que por décadas no dejaban de ser gobierno y deseaban perpetuarse en el poder, debieron ceder espacios a nuevos partidos ante las más frecuentes acusaciones de corrupción sistémica, como en los casos de Japón y México. De esta manera se lograron alternancias políticas en los gobiernos, con las que el Partido Liberal Democrático japonés y el Partido Revolucionario Institucional mexicano, entre otros, dejaron de monopolizar el poder, aunque fuera por unos años.[40]

Hay muchos escándalos internacionales que podrían ayudar a darnos una idea del tamaño de la corrupción política. Un caso ejemplar es el de Siemens, un escándalo que no se generó en Estados Unidos, pero como la empresa cotizaba en la Bolsa de Valores de ese país quedó bajo la jurisdicción de la FCPA.[41] Según las investigaciones de la Securities and Exchange Commission, la autoridad bursátil de Estados Unidos, y el Departamento de

Justicia, la empresa alemana realizó, entre marzo de 2001 y septiembre de 2007, 4,283 pagos ilegales a funcionarios de Bangladesh, China, Venezuela, México, Rusia, Vietnam, Nigeria y Argentina para obtener contratos públicos.[42] Como resultado y después de pactar un acuerdo de cooperación con las autoridades judiciales estadounidenses, Siemens pagó la multa más alta hasta entonces en toda la historia de la lucha contra la corrupción: 450 millones de dólares.[43]

Antes de la investigación, Siemens parecía una empresa ejemplar: entre 2000 y 2002 obtuvo 42 contratos por 80 millones de dólares con el Ministerio de Electricidad y Petróleo de Irak bajo el Programa Petróleo por Alimentos de las Naciones Unidas. La investigación reveló que pudo haber pagado hasta 1 736 000 dólares en sobornos a funcionarios iraquíes para obtener esos contratos, los que le harían obtener ganancias por 38 millones de dólares.[44] Sin embargo, no se especifica exactamente cuándo fueron entregados estos sobornos.

Las violaciones de Siemens a la FCPA incluían el uso de flujos de dinero extracontables y compañías pantalla para realizar este tipo de pagos; además, se le acusó de registrar los pagos ilegales como honorarios de consultoría o como préstamos para evitar que fueran identificados.

El de Siemens representa un caso típico de presunta corrupción política que actúa como una máquina generadora de lavado de dinero; sin embargo, la enormidad de los montos y el alcance geográfico de las operaciones ilegales no tenían precedentes judiciales: según el Departamento de Justicia estadounidense, la empresa había pagado más de 1,360 millones de dólares a funcionarios corruptos de varios rincones del planeta.[45] Pero para sacarlo a la luz fue necesaria la cooperación de autoridades de varios países, como la Security Exchange Commission y el Departamento de Justicia de Estados Unidos, las Financial Services Authorities de Reino Unido, la Securities and Futures Commission de Hong Kong y las fiscalías de Alemania y Argentina, entre otras; prácticamente las jurisdicciones de todos los países involucrados ayudaron a generar y procesar material potencialmente probatorio. Siemens, por otro lado, realizó genuinos esfuerzos para abrir sus archivos a la fiscalización internacional y se mostró dispuesta a implementar reformas para prevenir actos masivos de corrupción similares en el futuro.[46]

Es necesario mencionar más detalles de este caso. La indagación del Departamento de Justicia se originó en una investigación de fiscales alemanes en Múnich, que derivó en allanamientos judiciales de las oficinas y domicilios privados de empleados de Siemens. Esta pesquisa alemana generó auditorías internas en la empresa: el material de estas y el resultado de las investigaciones de los fiscales alemanes fueron voluntariamente entregados a Estados Unidos como posibles violaciones a la FCPA. Además de la multa multimillonaria que Siemens tuvo que pagar, la empresa aceptó tener a un oficial que durante cuatro años se encargaría de reportar a las autoridades alemanas y estadounidenses sobre las mejoras en la implementación de reformas a la estructura organizacional, en relación con auditorías económicas y con reformas procedimentales de supervisión y de transparencia contable. Algo inédito.

Es importante comprender la naturaleza de la red de corrupción y presunto lavado de dinero que las autoridades imputaron en el caso Siemens. Gran parte de los casi 1 400 millones de dólares en sobornos detectados fueron repartidos antes de 1999, último año en que fue legal en Alemania asignar *gratuities* (pagos de cortesía) a funcionarios públicos, que para colmo eran deducibles de impuestos. Sin embargo, a partir de 2000 esa nación se incorporó a la Convención de la OCDE contra la corrupción. Fue entonces cuando los *gratuities* a funcionarios públicos extranjeros dejaron de ser deducibles de impuestos en Alemania. A partir de 2000, autoridades de Austria y de Suiza comenzaron a sospechar del flujo de depósitos a las cuentas bancarias de decenas de sus funcionarios públicos, ubicadas principalmente en paraísos fiscales como Luxemburgo e Islas Vírgenes. Al mismo tiempo, las auditorías posteriores revelaron que entre 5% y 6% de los montos de contratos públicos asignados a Siemens en 24 países eran contabilizados como *gratuities* a funcionarios públicos, es decir, presuntos sobornos.[47]

Los casos similares de corrupción trasnacional donde existen investigaciones basadas en la cooperación internacional, la recuperación de activos y la reparación de daños han venido aumentando no sólo en Estados Unidos, sino en todo el mundo: el Departamento de Justicia incrementó sus acusaciones en materia penal sobre este tipo de delitos de 12 entre 2001 y 2004 a 42 entre 2005 y 2008.[48]

En 1994 Naciones Unidas identificó 18 categorías de delincuencia organizada: entre ellas se incluían el lavado de dinero, el tráfico de estupefacientes y de armas, la corrupción de funcionarios públicos en sus diversas tipologías, las quiebras fraudulentas, los fraudes en el sector de seguros, los delitos cibernéticos, el robo de propiedad intelectual, la trata de personas, las actividades terroristas, la piratería en los transportes, el tráfico de órganos y los delitos ambientales, entre otras.[49] Sin embargo, para los propósitos de esta obra, si bien es correcto categorizar y tipificar delitos, también es necesario comprender que el lavado de dinero se abastece de los flujos patrimoniales derivados de todos los demás tipos de delitos, es decir, muchas veces no es posible separar el lavado de dinero proveniente de drogas del derivado de la trata de personas y tampoco es posible diferenciar a funcionarios corruptos (políticos o no) de las redes criminales a las cuales pertenecen. Estas personas a menudo bloquean investigaciones sobre lavado de dinero o delitos electorales y a la vez redactan leyes y generan mecanismos institucionales pantalla para simular que se está combatiendo estos delitos; el ejemplo más claro de esta captura del Estado por funcionarios corruptos lo proporcionan las Fuerzas Armadas Revolucionarias de Colombia (FARC), que por medio de expertos en inteligencia de Israel han logrado establecer redes de infiltración de las comunicaciones en las instituciones colombianas encargadas de combatir el lavado de dinero y el tráfico de estupefacientes.[50]

Otro ejemplo de blanqueo patrimonial y corrupción política se observa de manera flagrante durante los procesos electorales mexicanos. Las elecciones políticas de 2015, que el que esto escribe tuvo la oportunidad de observar *in situ*, registraron miles de denuncias por compra de votos mediante "acarreos" masivos de miles y miles de personas, a quienes se transportaba custodiadas por personal policial estatal y municipal y a las que se pagaba entre 60 y 200 dólares estadounidenses por voto; muchos de estos acarreos masivos podían ser observados directamente sin mucho esfuerzo. En el caso puntual de las elecciones en los estados de Chiapas, Guerrero y Oaxaca, según denuncias, existió un fraude electoral sistémico amparado por autoridades estatales. Además de destruir toda legitimidad democrática de los procesos y resultados electorales, este tipo de delitos conjugan y alimentan la corrupción política al más alto nivel, la delincuencia organizada que financia la compra de votos por parte de gobernadores y también al lavado de dinero del cual provienen los recursos para esta compra de votos junto con el resultante en la persona que accede a la compra. Por medio de algunos sondeos realizados por mí, varios políticos admitieron *off the record* que de ocho a nueve de cada 10 pesos que ellas y ellos utilizan en sus campañas y precampañas políticas provienen de fuentes no permitidas por la ley.

No debe extrañar entonces que los delitos organizados en México hayan crecido sin barreras durante los últimos 20 años; en este escenario dantesco, la pobreza extrema de aquellas personas y grupos a los cuales por medio de programas sociales se compra o condiciona su voto, paradójicamente hace crecer el lavado de dinero mediante la corrupción política. Tipologías de delitos similares serán explicadas más adelante en los capítulos 3 y 4; se verá por ejemplo el caso Monex en México, que también conjuga sofisticadas redes de financiamiento por medio de la tipología de lavado número 11 (con tarjetas de débito o monederos), lo cual representa presuntos actos de corrupción mediante delitos electorales y blanqueo de capital.

Otros interesantes ejemplos son los casos de lavado de dinero en la industria farmacéutica, en los que se logra blanquear recursos que después van a parar al financiamiento de campañas políticas. Señalamientos publicados por el periodismo de Argentina dan cuenta de que este es el caso del financiamiento de campaña de Cristina Fernández de Kirchner, quien llegó a la presidencia de ese país en 2007: la justicia nacional ha investigado que una proporción aún no definida fue de origen dudoso. Según la información dada a conocer, 162 compañías del sector salud y farmacéuticas aportaron 4.4 millones de dólares,[51] pero tres de los laboratorios que aportaron recursos no han podido justificar el origen del dinero donado a la campaña de la presidenta.[52]

Una de estas tres empresas, a la cual el periodismo relaciona con financiamiento ilícito, es Sanford Salud, una organización que ha sido investigada por estar vinculada con narcotraficantes mexicanos en el trasiego de efedrina y cuya dueña era esposa de una persona a quien la prensa asigna membresía en redes criminales. Los dueños de los dos laboratorios restantes, Multipharma y Global Pharmacy, fueron procesados por tráfico de medicamentos.[53] Sanford Salud, a su vez, indicó que todas las contribuciones fueron realizadas con depósitos en efectivo, con lo que fue imposible rastrear el origen de esos recursos.

Según las fuentes judiciales argentinas, la investigación por lavado de dinero cubriría una red que va mucho más allá de esos laboratorios, pues están involucrados funcionarios públicos. Al momento de escribir estas líneas (julio de 2015), sin embargo, aún no era llamado ninguno a declarar y la Presidencia de la República Argentina ha tratado de intervenir y bloquear las investigaciones mediante intentos de destituciones judiciales que anulan la independencia y autonomía de fiscales y jueces.

Se ha señalado que jueces cercanos al gobierno bloquearon investigaciones, argumentando que no estaban suficientemente motivadas, pero los intentos de promover la impunidad no sólo tienen que ver con el financiamiento de una campaña presidencial. Una legisladora opositora pidió que se investigara a Cristina Fernández por lavado de dinero en Miami, pues un empresario muy cercano a su familia, Lázaro Báez, ha sido acusado de cometer ese ilícito por medio de empresas localizadas en Panamá y triangular después recursos hacia bancos de distintos países, entre ellos el Ocean Bank[54] en aquella ciudad de Estados Unidos.

No ha de pasarse por alto que en agosto de 2015 se dio a conocer un informe que el propio gobierno argentino envió a la Justicia, donde se asienta que la Casa Rosada le ha otorgado a Báez más de 870 millones de dólares en contratos de obra pública durante la última década.

A partir de una denuncia de la diputada Margarita Stolbizer, el juez federal Claudio Bonadio abrió una investigación cuya principal hipótesis es que una buena parte de esa fortuna que el gobierno le giraba a Báez, se entregaba después a la familia presidencial mediante alquileres de habitaciones y salones de hoteles e inmuebles de los Kirchner en las ciudades de El Calafate y Río Gallegos. Aunque las sospechas se han acumulado en torno a Báez, hasta ahora ningún juez le ha encontrado "plata sucia".[55]

De cualquier forma, este es uno de tantos casos que reflejan cómo la corrupción política y el lavado de dinero pueden fusionarse por medio del financiamiento de campañas políticas y, eventualmente, del otorgamiento de contratos gubernamentales.

EL CÁRTEL DE TEXIS

Tal como se ha detallado en secciones anteriores, México es otro espacio donde el lavado de dinero es una actividad continua y próspera. Muchas veces se parte de la premisa errónea de que la efectividad de Estados Unidos para cerrar rutas de trasiego de droga en el Caribe y el Pacífico ha forzado a los grupos criminales trasnacionales a trasladarse a Centroamérica, pero nada está más alejado de la realidad que esa explicación sin fundamento empírico.

La experiencia internacional señala que los fallidos procesos de transición política democrática en Centroamérica y México han abierto vacíos de Estado: vacíos de controles judiciales, vacíos de controles patrimoniales, vacíos de controles políticos de la corrupción y vacíos de controles sociales para la prevención del delito. En los espacios institucionales, en los cuales hoy existen estos cuatro tipos de vacíos, antes había controles represivos manejados por gobiernos autoritarios cuyos remplazos institucionales por controles democráticos en un Estado de derecho aún no han sido acordados democráticamente por los nuevos poderes legislativo y ejecutivo, careciéndose así de un marco consensuado de aplicación de la ley entre los partidos para que permitan a jueces y a fiscales realizar su trabajo sin interferencias, presiones o corrupción judicial involucrada. Estos vacíos de Estado han sido ocupados hoy por actores no estatales legales (por ejemplo, oligopolios mediáticos parásitos que son en su naturaleza cortesanos del Estado más que empresas privadas, ya que viven de contratos públicos y de apoyar con propaganda a aquellos políticos que les otorgan contratos públicos y fondos para publicidad del Estado) y por grupos criminales nacionales y trasnacionales que hoy compiten con mayor violencia por el poder económico que les otorga la política.[56] Lo cierto es que sin controles patrimoniales que frenen los flujos de lavado de dinero ligados a la corrupción política y en particular hacia los financiamientos de campañas, es muy fácil que un mafioso se transforme en diputado, senador o gobernador de la noche a la mañana.

La delincuencia organizada de antaño hacía negocios ilícitos sirviendo al poder político autoritario o dictatorial de los más diversos países; mientras que estas empresas criminales de antaño se dejasen "gestionar" por los gobiernos autoritarios, se mantuviesen en sus territorios sin violar las "reglas del juego" y pagasen "cuotas" de corrupción a funcionarios de esas administraciones autoritarias y corruptas, se les permitía operar sin problema bajo un esquema de *"pax mafiosa"*. Bajo este esquema autoritario no había lugar para la competencia violenta entre grupos criminales por mercados o territorios, por lo que no existían los actos de violencia organizada que hoy se enmarcan en conflictos armados.

Pero estos controles fueron desvaneciéndose gradualmente a partir del comienzo de los gobiernos de transición hacia democracias. Si bien estos gobiernos son bienvenidos para el desarrollo democrático, lamentablemente han fallado en institucionalizar los sistemas de controles judiciales, patrimoniales y de corrupción política. Por ello los grupos criminales de la región, ya sin controles (ni autoritarios ni democráticos) de los Estados, han dado rienda suelta a su competencia cada vez más violenta por territorios y mercados diversos. Entre las instituciones que hoy brillan por su ausencia como parte de esos vacíos de Estado, están los órganos autónomos de investigación patrimonial,[57] directamente relacionados con la investigación del lavado de dinero.

En esta perspectiva debe explicarse la expansión regional inusitada del Cártel de Texis en El Salvador, una red criminal con estructura horizontal que opera tráficos ilegales de bienes y servicios en toda Centroamérica. Este grupo posee alianzas táctico–operativas con pandilleros maras y además cuenta con aliados en el Ejército salvadoreño, las aduanas, el sistema judicial, empresas de distintos sectores, sindicatos de transporte terrestre y marítimo y autoridades financieras. Fundado a finales del siglo pasado, es reconocido por sus operaciones empresariales y por haberse convertido en intermediaria entre las organizaciones colombianas y mexicanas para el trasiego de cocaína desde el sur del continente americano hacia Estados Unidos.[58]

El Cártel de Texis posee dos nodos principales:[59] José Adán Salazar Umaña, alias *Chepe Diablo*, y Roberto Antonio Herrera Hernández, alias *el Burro*, y su decena de empresas diversas legalmente registradas. Estos personajes han sido acusados de liderar el grupo criminal, que supervisa el trasiego de vastas cantidades de drogas ilícitas que se consumen en Estados Unidos, pues se-

LAVADO DE DINERO Y CORRUPCIÓN POLÍTICA

gún las cifras oficiales, un gran porcentaje del total de estupefacientes que llega a territorio estadounidense pasa por territorio salvadoreño.[60] El mapeo de redes criminales centroamericanas de transportistas y gestores de estos cargamentos indica que los grupos criminales tienen alianzas con empresas legalmente registradas; mi hipótesis de investigación ha sido que esta organización criminal posee vínculos directos con otras de la mayor envergadura internacional, como el mexicano Cártel de Sinaloa.

Dado el antedicho vacío institucional y de coordinación entre los países centroamericanos y México, no es de extrañar que no se hayan abierto investigaciones conjuntas sobre esta organización entre fiscalías de Costa Rica, El Salvador, Guatemala, Honduras, Nicaragua y Panamá con México para desenmascarar las labores del Cártel del Texis en la comercialización, transporte, el apoyo logístico y como eslabón de diversificación y colocación de activos criminales de la región en el blanqueo patrimonial.

Lo cierto es que el Cártel de Texis ha logrado lavar mucho dinero. *Chepe Diablo* tiene acciones en empresas de importación de cereales, hoteles y una constructora en El Salvador que le han permitido limpiar sin problema sus ganancias ilegales. Según medios salvadoreños, fue la riqueza del personaje lo que lo hizo resaltar. En 2004 el supuesto empresario reportaba ganancias por 2.7 millones de dólares; para 2010 ya eran 13.06 millones, algo obviamente muy sospechoso.[61] Estados Unidos ya investiga sus operaciones financieras, tanto que el 31 de mayo de 2014 la Casa Blanca, a través del Departamento del Tesoro, lo incluyó en la lista de capos internacionales del narcotráfico.[62]

Si bien El Salvador no es el país con mayor actividad criminal de América, sí es el que presenta los lazos más fuertes y complejos entre pandillas socialmente verticalizadas (como la Mara Salvatrucha, MS-13) y empresas criminales trasnacionales dedicadas

al tráfico de estupefacientes y a otros 12 tipos de delitos organizados (como Los Zetas y el Cártel de Sinaloa, ambos mexicanos). La actividad criminal se ve favorecida por el espacio aéreo
común que existe entre Guatemala, Honduras y El Salvador, lo
que implica que cualquier aeronave puede viajar de un territorio
a otro sin controles profundos. Además, en la legislación de los
países centroamericanos ni siquiera existen tipos penales adecuadamente definidos para sancionar los conflictos de interés y el
tráfico de influencias de funcionarios públicos en sus relaciones
con empresas del sector privado, por lo que ha sido muy complicado iniciar investigaciones contra el grupo.

Dado lo anterior, se requiere explorar canales de investigación mediante instituciones supranacionales o de naturaleza internacional, tal como lo es la Comisión Nacional contra la Impunidad en Guatemala (CICIG), que puedan indagar no sólo en El
Salvador sino en toda Centroamérica y México las operaciones
del Cártel de Texis: esto podría ayudar a delinear el mapeo criminal y patrimonial real de la organización salvadoreña y de
otras redes criminales que operan en la región, y específicamente
sus procesos de lavado patrimonial vinculados al financiamiento
de actividades políticas,[63] con lo que se comenzaría a investigar
el círculo cercano de *Chepe Diablo* y *el Burro*, operadores armados además de empresarios legalmente constituidos y políticos:
así comenzaron las indagatorias contra legisladores colombianos
que resultaron ser aliados de las FARC y los paramilitares. Gracias
a los mapas patrimoniales, el reconocido juez italiano Giovanni Falcone logró encarcelar a cientos de integrantes de la mafia
italiana en la década de los noventa; estos registros pueden después convertirse en auditorías tributarias, órdenes de extinción
de dominio patrimonial de activos criminales (en materia civil)
y causas penales fundamentadas por lavado de dinero.

Hay que recordar que los países que aplican figuras jurídicas diversas fuera del ámbito penal para desmantelar a los capitales de redes criminales son también en los que más han disminuido los índices delictivos organizados: por ejemplo, el proceso judicial de extinción de dominio *no* impulsa causas contra las personas para sancionarlas penalmente ni para reclamar responsabilidades civiles por el delito, pues estas dos acciones son del ámbito del derecho penal. En contraste, la extinción de dominio es un proceso judicial en materia civil que lleva a la pérdida o privación definitiva de los derechos reales a activos patrimoniales ilícitos o criminalmente adquiridos, en favor del Estado, sin contraprestación ni compensación de naturaleza alguna para su titular, poseedor, usufructuario, tenedor u otra forma relativa al derecho de dominio.[64]

Hay que recordar que existe una paradoja de la sanción penal: si sólo se castiga con cárcel a personajes de una red criminal sin desmantelar sus redes sociales/patrimoniales internacionales, las que le sirvieron de base para cometer delitos, la red criminal se fortalecerá. El caso de Joaquín *el Chapo* Guzmán Loera, uno de los más ricos y más poderosos capos de mafias, según el periodismo y las autoridades estadounidenses, es emblemático al sumar dos detenciones, los respectivos procesamientos y dos fugas inconsecuentes desde el punto de vista criminológico. Este hombre fue encarcelado en 1993, se fugó de una prisión de la más alta seguridad en 2001 bajo el amparo de corrupción oficial, fue nuevamente capturado por las autoridades mexicanas en colaboración con las estadounidenses en febrero de 2014 y una vez más se volvió a fugar de otra cárcel "de la más alta seguridad" el 11 de julio de 2015. Sin embargo, durante todo este baile de impunidad mafiosa y corrupción federal, a Guzmán Loera nunca se le abrieron líneas de investigación para incautarle y decomisarle o extinguirle el dominio sobre vastas redes empresariales y de activos patrimoniales con las cuales compra gran parte de las clases políticas de México y Centroamérica. Ni un solo socio del *Chapo* cayó como resultado de años de cárcel e impunidad: bastaría haber abierto simples auditorías tributarias para comenzar a neutralizar a los cientos de empresas en manos de familiares y socios de los miembros del directorio de la red criminal sinaloense. Nada de esto sucedió; el poderío patrimonial del *Chapo* quedó intacto y así continuó comprando "protección" política, y su poder dentro de la red siguió creciendo aun dentro de la cárcel. Como consecuencia, no sólo logró financiar su fuga por medio de una obra de ingeniería que implicó millones de dólares para construir un túnel de un kilómetro y medio que iba desde la regadera de su celda a una casa en construcción cercana al reclusorio, sino que también la red criminal de Sinaloa hoy es más poderosa patrimonialmente que cuando *el Chapo* fue detenido en febrero de 2014.[65]

Es importante comprender que aun ante el incremento en la probabilidad de una sanción penal, y aun enviando a la cárcel a capos y capitos, las organizaciones criminales se defienden de manera estratégica simplemente asignando más y más de sus recursos financieros intactos a corromper (con más frecuencia y a niveles cada vez más altos) a funcionarios públicos. Esta paradoja de la sanción penal continúa operando en El Salvador, así como en los demás países centroamericanos y especialmente en México: esta es la razón por la cual se observa que en todos estos países, a medida que han aumentado los recursos presupuestarios para combatir a la delincuencia organizada sólo mediante mecanismos represivos (militares y policiales) contra personas físicas, sin suficiente desmantelamiento de las redes económicas por medio de procesos penales antilavado y extinciones de dominio, lo que ha sucedido es que, contrario a lo esperado, la violencia organizada y la corrupción política han aumentado. En otras palabras, encarar una "guerra" contra las mafias con policías y militares que trabajan para ellas no sólo es una paradoja sino también un sinsentido.

Las redes criminales (mal llamadas cárteles) de Sinaloa y de Texis son hijos derivados de una torpe y corrompida represión penal sin suficientes desmantelamientos patrimoniales de sus aparatos económico–criminales. Ahora bien, lo que explica la carencia de incautaciones y decomisos patrimoniales no es la incompetencia institucional ni la ignorancia técnica de los actores judiciales. Hay que subrayar que estos bienes criminales financian campañas políticas, por lo tanto, un pacto mafioso de impunidad por parte de la élite en el poder protege a las redes ilícitas que los financian.

3

Técnicas de detección de redes criminales

Quienes estuvieron presentes como testigos aseguran que fue impresionante. Entre 1986 y 1987, los magistrados italianos Giovanni Falcone y Paolo Borsellino organizaron un juicio en Palermo, en la isla de Sicilia, contra 474 integrantes de la mafia de ese país, 119 en ausencia, pues aún estaban prófugos. Nunca antes en la historia habían sido juzgadas tantas personas al mismo tiempo: el *Maxiproceso*, como se conoció a este juicio, se realizó en un búnker diseñado especialmente para la ocasión dentro de la cárcel de Ucciardone, y su estructura permitía que muchos mafiosos estuvieran presentes, pero tras las rejas. Su resultado: condenas por 342 causas, en total 265 años de cárcel, incluidas 19 condenas de cadena perpetua.[1] Un colaborador de Falcone aseguró que lo que pretendía el magistrado al iniciar un juicio contra tantas personas era ofrecer a la Corte un amplio panorama de la mafia y relacionar episodios relativamente dispersos.[2]

Prácticamente al mismo tiempo que ocurría el *Maxiproceso* en Italia, en Estados Unidos se llevaba a cabo otro juicio, conocido como Conexión Pizza, que desentrañó la conexión entre pizzerías de ese país y el lavado de dinero por tráfico de heroína de mafias italo-estadounidenses; Falcone fue fundamental para desentrañar la red de lavado del lado italiano. Este juicio tiene aún el récord de ser el más largo en la historia estadounidense.[3]

Aunque Falcone y Borsellino murieron asesinados por la mafia, su labor en contra de la delincuencia organizada ha sido valorada y estudiada a fondo, en gran medida porque ambos personajes lograron armar uno de los casos más sólidos de este tipo en la historia gracias a testigos protegidos que revelaron información fundamental de la operación de las redes criminales. Armar procesos judiciales es un proceso muy complicado y que necesita de vasta y extendida cooperación judicial internacional.

Pero no siempre existe la cooperación necesaria para generar un caso de lavado de dinero ni los testigos clave que jueguen en favor de un proceso judicial proporcionando información. Las investigaciones acerca del lavado de recursos de procedencia ilícita requieren de un arduo trabajo de inteligencia e investigación policial, pues es necesario identificar múltiples cuentas bancarias en diversos países e informes de activos patrimoniales de los más variados orígenes, con delitos graves que ni siquiera están plenamente identificados o acreditados y por los que ni siquiera se ha motivado una indagatoria.

Cualquier investigación patrimonial implica probar judicialmente el origen ilícito o inexplicable de activos financieros y no financieros, los montos, las participaciones activas y pasivas, las redes de complicidades ligadas a esos activos y al proceso de su ocultamiento. Probar la premeditación en el proceso de ocultamiento/transferencia/transformación del activo es muy difícil, y agrega una complejidad al material probatorio requerido para lograr determinar la culpabilidad de una persona. En otras palabras, probar vínculos entre un delito organizado precedente y un activo patrimonial y demostrar además que la persona que ocultó el activo tenía conocimiento de que eran recursos sucios consume muchos medios judiciales durante varios años y requiere una sofisticada estructura institucional en materia de investigación que pocos países avanzados poseen.

Por lo tanto, una estructura institucional antilavado debe estar acompañada de la capacitación de investigadores especializados en materia económica y financiera, y aun esta capacitación puede ser inútil si no existe una efectiva coordinación interinstitucional entre sistemas de inteligencia, investigadores especializados, fiscales y jueces.

Las investigaciones por blanqueo de capital enfrentan muchas dificultades. La primera es la jurisdicción: casi todos los casos involucran empresas, bancos o personas físicas ubicadas en distintos países, lo que implica cooperación judicial internacional. La siguiente, igual de importante, es el secreto bancario junto con el secreto profesional, lo que hace muy complicado obtener información fácilmente. A estas complejidades se agrega el problema de la recolección de material probatorio, que incluye evidencias que pueden estar sometidas a cadenas de custodia en diversos sistemas judiciales.

En este difícil panorama deben incluirse los nuevos métodos tecnológicos que permiten que se mueva el dinero sucio y se cometan fraudes en cuestión de segundos, así como los cambios en la estructura de los grupos delictivos: según Europol, las organizaciones criminales cada vez son más pequeñas y especializadas, incluso se han multiplicado los casos de células criminales independientes que trabajan juntas sólo para realizar un delito y una vez que logran su objetivo vuelven a separarse, por lo que rastrear su actividad delincuencial se vuelve una tarea cada vez más compleja.[4]

Hay que recalcar que nadie conoce exhaustivamente todos los métodos de ocultamiento del origen ilícito de los recursos generados por redes criminales. Los 12 canales de ocultamiento más frecuentes y conocidos ya fueron detallados en el capítulo anterior, ahora la pregunta es: ¿cuáles han sido las técnicas de investigación más exitosas para determinar y desmantelar canales de lavado de dinero? Es decir, ¿qué técnicas judiciales, tecnológicas y financieras están siendo utilizadas para combatir delitos económicos como el blanqueo patrimonial?

Lo primero que salta a la vista es la vaguedad del concepto delito económico en la mente de los investigadores especializados, lo cual significa diferentes cosas para cada uno. Mi propia experiencia como capacitador en distintas unidades de investigación patrimonial en los más diversos países indica que algunos investigadores definen el delito patrimonial sólo como fraude; otros aseguran que es corrupción en general, o sobornos en particular, y sólo algunos mencionan el lavado de dinero y el fraude tributario. Esta ha sido mi experiencia tras arrancar proyectos de investigación patrimonial en 111 países. Lo que esta variedad de opiniones técnicas demuestra es que difícilmente se puede combatir la enorme diversidad de delitos patrimoniales emergentes si las personas encargadas de investigarlos ni siquiera poseen una idea clara y homogénea sobre qué es lo que indagan.

Al revisar la práctica judicial del combate y prevención de delitos patrimoniales, los delitos más frecuentes que se investigan son el lavado de dinero, el fraude, el tráfico ilegal de información privilegiada, la evasión tributaria y la corrupción privada o pública en sus múltiples variantes, entre las más frecuentes el cohecho o soborno, el enriquecimiento ilícito, el tráfico de influencias, los conflictos de interés y la malversación de fondos o desfalco.

Pero obviamente existen combinaciones entre estos delitos. Como ya se explicó en esta misma obra, para fines operativos de una investigación el lavado de dinero debe ser entendido como la manipulación de recursos para esconder o tergiversar el origen ilícito de los mismos, pero puede ser establecido también como un proceso de evasión tributaria en curso. El delito de fraude es diferente: en un sentido general significa obtener algo de valor o no cumplir con una obligación mediante el engaño, es decir, se debe comprender que el fraude es un acto ilegal e intencional basado en el engaño, y en este sentido los casos de lavado de dinero pueden ser investigados también como fraudes, aunque no todos los fraudes puedan relacionarse con el lavado de dinero.

Como se verá en el próximo capítulo, la introducción y el crecimiento exponencial de instrumentos legislativos nacionales e internacionales para combatir y prevenir el financiamiento al terrorismo, la delincuencia organizada, el lavado de dinero y la corrupción han aumentado enormemente el número de indagatorias por delitos patrimoniales; sin embargo, este incremento no se ha visto reflejado en un mayor número y capacitación de los investigadores patrimoniales. Así, estos delitos han ido en aumento. Esta falta de capacitación no excluye a Estados Unidos, cuyos sistemas de investigación han logrado cada vez mayor efectividad en el rastreo de recursos de procedencia ilícita, pero siguen sin poner tras las rejas a los autores de los ilícitos.[5]

Por lo demás, dada la experiencia internacional, la tipología de delitos sigue siendo muy limitada. Por ejemplo, el fraude fiscal y la corrupción política —en redes de personas o empresas— tendrían que ser claramente tipificados dentro de la lista de delitos por los cuales se puedan impulsar causas penales por lavado de dinero y delincuencia organizada. Sin embargo, se observa que pocos Estados admiten estas tipologías en sus políticas antimafia.

Es sumamente difícil para policías y unidades de investigación patrimonial obtener documentación fidedigna que pruebe el origen de los ingresos de empresas o personas físicas sujetas a investigación; en mi experiencia, en nueve de cada 10 investigaciones de redes criminales no es posible obtener documentación, tangible o electrónica, que pruebe los niveles de ingresos de fuentes desconocidas en un comienzo. Al mismo tiempo, es totalmente común que sea imposible encontrar alguna evidencia de lavado de dinero en un proceso previo de la persona sujeta a investigación, aunque tenga que ver con el delito que supuestamente generó el ingreso; en estos difíciles casos, lo que queda es construir un andamiaje de evidencia indirecta o circunstancial. Este enfoque requiere responder cuatro preguntas: *1)* si el acusado o investigado recibió ingresos provenientes de fuentes desconocidas; *2)* cuál fue el monto de esos recursos no explicados por fuentes conocidas; *3)* si existe alguna diferencia inexplicable legalmente entre los activos y los gastos del investigado con sus ingresos provenientes de fuentes comprobables legalmente, y *4)* cuál es el monto de esta diferencia. Entre los métodos utilizados por autoridades de inteligencia o investigación patrimonial para determinar el origen de recursos no declarados, por lo común casi nunca utilizan evidencia directa documentada legalmente: son las técnicas forenses contables de investigación las que determinan y reconstruyen de manera indirecta los ingresos de fuentes desconocidas y a la vez proveen evidencia empírica sobre la existencia de ingresos sucios ante la inexistencia de material probatorio.

La experiencia internacional indica que el primer paso para identificar operaciones que pretenden lavar dinero es reconocer depósitos en los bancos a nombre de la persona investigada; después, buscarlos a nombre de familiares, amigos y gente cercana al sospechoso. Si no se encuentra ninguna operación dudosa lo que sigue es revisar todos los documentos que se puedan recolectar del sospechoso y su entorno, para identificar cómo mueve sus ingresos.[6] Estos pasos deben agotarse para que después comience la búsqueda de dinero ilícito en otros tipos de instrumentos financieros no formales.

La información obtenida de estas búsquedas será la materia prima del mapeo de redes criminales. Para hacerlo sobre una red criminal de manera integral se requiere la identificación previa de indicadores de alerta temprana de modo que las investigaciones sean proactivas y no sólo reactivas, es decir, que se inicien antes de que sea plenamente identificada la operación criminal. Casos conocidos mundialmente demuestran que la arquitectura del lavado patrimonial casi siempre involucra a sofisticados profesionales del derecho, o sea, abogados, así como asesores financieros y fiscales, quienes trabajan en conjunto con empresarios de los más diversos orígenes.[7]

Como ya se ha descrito en capítulos anteriores, los ingresos de procedencia ilícita, ya sea por delitos fiscales, fraudes, tráfico de bienes o servicios ilegales, etc., se colocan en el sistema financiero formal mediante cambios de divisas, transporte de efectivo o depósitos en efectivo. El objetivo de la colocación es que esos recursos sean transformados en activos limpios mediante depósitos, retiros y transferencias electrónicas o con la estructuración de cuentas bancarias. Frecuentemente estos casos involucran a entidades financieras multinacionales formales de hasta una decena de países.

Para ejemplificar cómo se realizan las investigaciones de lavado de dinero, revisemos el caso del Bank of Credit and Commerce International (BCCI), creado en Luxemburgo a principios de la década de los setenta por Agha Hasan Abedi, un financiero de origen paquistaní. El banco inició operaciones instalando oficinas sólo en Londres y Karachi, la ciudad más poblada de Pakistán, pero en menos de una década ya se encontraba entre los bancos privados más grandes del mundo: operaba en 78 países y sus activos eran valuados en 20 mil millones de dólares.[8]

Investigaciones posteriores revelaron que la fuerza del banco provenía en realidad de una red criminal cuidadosamente creada por Abedi. Ayudado por su asistente, el paquistaní colocó miles de millones de dólares provenientes de distintos delitos, incluido el tráfico de drogas, en el mercado formal, según una investigación realizada por el Senado de Estados Unidos.[9] La red criminal estaba formada por miles de empresas, bancos dentro de bancos y fideicomisos a través de los cuales se movía dinero de un país a otro, evadiendo los controles de lavado de dinero. Era muy frecuente escuchar a Abedi decir a sus empleados que todas las leyes eran flexibles y maleables, con excepción las de la naturaleza.

Las irregularidades en el banco fueron encontradas al realizar el mapeo criminal de sospechosos de lavado en diversos países. Entre los clientes exclusivos de este banco se encontraba el general Manuel Antonio Noriega, dictador panameño que gobernó entre 1983 y 1989; cuando se encontró que la institución financiera lo había ayudado a lavar dinero, BCCI fue multado con 15 millones de dólares. Fue cerrado posteriormente por las autoridades inglesas en 1991; al momento de su cierre, seis de sus ejecutivos ya estaban en la cárcel.[10]

Otro ejemplo de cómo puede culminar el mapeo de sospechosos a nivel internacional lo aporta Estados Unidos. A finales de los años noventa del siglo pasado, el Banco de Nueva York permitió el lavado de 7 mil millones de dólares provenientes de redes criminales rusas; estos activos eran depositados en las cuentas de los ejecutivos del banco.[11] Además de pagar una millonaria multa, el banco tuvo que aceptar ser monitoreado por las autoridades estadounidenses y un ex vicepresidente de la compañía fue encarcelado.[12]

Pero quizá la demostración más clara de cómo el mapeo de redes criminales puede revelar grandes escándalos de lavado está en los errores institucionales del banco HSBC. A finales de 2012, HSBC recibió una multa récord, pagando 1 920 millones de dólares por las fallas institucionales que permitieron que narcotraficantes mexicanos y terroristas movieran dinero a través de sus filiales. Este caso ya fue analizado más arriba, por lo que no me detendré en los detalles; sólo hay que recalcar que esa millonaria sanción parece no haber tenido suficiente impacto en que el banco mejorara sus controles sobre los depósitos. El gobierno suizo anunció en febrero de 2015 que ha abierto otra investigación contra HSBC otra vez por presunto lavado de dinero;[13] habrá que revisar en qué termina esta nueva indagatoria.

El mapeo de redes criminales también funcionó para descubrir los movimientos ilegales de activos que realizó Ferdinand Marcos, presidente de Filipinas entre 1965 y 1986. Investigaciones posteriores determinaron que redes conectadas a su dictadura blanquearon más de 10 mil millones de dólares de activos patrimoniales por medio de entidades financieras en países como Estados Unidos, Luxemburgo, Austria, Panamá, Países Bajos, las Antillas, Islas Caimán, Vanuatu, Hong Kong, Singapur, Mónaco, Bahamas, el Vaticano y Suiza. La colocación de activos en tantos lugares es muy típica en los casos de corrupción política al más alto nivel.[14] El del ex presidente de Filipinas no es un expediente aislado: investigaciones judiciales dan cuenta de varios ex mandatarios que han utilizado cuentas en el extranjero para lavar lo robado a las arcas públicas de sus países, entre ellos el de Nigeria, Sani Abacha, quien logró lavar entre 2 mil millones y 5 mil millones de dólares a través de bancos en Reino Unido, Luxemburgo, Estados Unidos y Suiza. Este caso también ha sido abordado con detalle en esta obra.

La participación de los bancos durante la colocación de activos criminales es muy frecuente, por lo que resulta importantísimo analizar las cuentas de los sospechosos para conocer el mapa de sus redes criminales. Como puede verse en los ejemplos presentados en este volumen, los montos de dinero blanqueado en las instituciones financieras son exorbitantes, y los bancos de los países más desarrollados, con las economías más estables, son los que más lavan activos. Un ejemplo más de ello es el banco francés BNP Paribas. A causa de los defectuosos controles de la institución, se perpetró una conspiración para falsificar registros de negocios, así como para transferir dinero de dudosa procedencia de Sudán y otros países, por lo que tuvo que pagar 8 900 millones de dólares, el monto más alto para una multa de este tipo en la historia.[15]

EL LAVADO DE DINERO Y LA TRATA DE PERSONAS

La esclavitud contemporánea se manifiesta en un delito organizado denominado *trata de personas*, vinculado a todos los otros 22 tipos. La Convención contra la Delincuencia Organizada Transnacional, ratificada por México y por la mayoría de los países del orbe en el marco provisto por Naciones Unidas, aborda este delito mediante su Protocolo para Prevenir, Reprimir y Sancionar la Trata de Personas, Especialmente Mujeres y Niños.[16] Este instrumento jurídico internacional, ratificado por todos los países del hemisferio occidental y por casi todos los demás, establece en su artículo 3 a la trata de personas como "la captación, el transporte, el traslado, la acogida o la recepción de personas, recurriendo a la amenaza o al uso de la fuerza u otras formas de coacción, al rapto, al fraude, al engaño, al abuso de poder o de una situación de vulnerabilidad o a la concesión o recepción de pagos o beneficios para obtener el consentimiento de una persona que tenga autoridad sobre otra, con fines de explotación". La explotación a la cual se refiere esta convención internacional incluye la explotación sexual y laboral, lo que conlleva secuestros, sometimiento y prostitución forzada con motivaciones comerciales, pornografía, matrimonios forzados, turismo sexual, trabajos domésticos, adopciones irregulares de niños, mendicidad e incorporación de menores a grupos criminales para participar en actividades violentas, entre otros delitos.

En tal circunstancia, la trata de personas se vincula a los otros 22 tipos de delitos económicos, tales como el tráfico de drogas, de órganos, de migrantes, de armas, secuestros, extorsiones, cibercrimen, pornografía infantil. Múltiples casos de trata de personas denunciados y abordados por diversas redes de la sociedad civil mediante el apoyo concreto a víctimas dan muestra de la profundidad del tráfico de influencias y los conflictos de interés en los más altos niveles de los poderes ejecutivos, judiciales y legislativos de muchos países. Basado en mi experiencia, esos poderes sólo investigan y procesan uno de cada 10 casos de trata de personas. Este déficit institucional se demuestra, una vez más, con el caso de la periodista mexicana Lydia Cacho, quien —tras investigar y denunciar a políticos y empresarios pederastas— fue secuestrada, torturada y perseguida por "autoridades" mexicanas implicadas en redes de trata, pornografía infantil y otros delitos.

Este negocio criminal de lesa humanidad genera al año un monto estimado en 32 mil millones de dólares[17] y afecta por lo menos a 25 millones de seres humanos, los que en su mayor parte son niños, niñas y mujeres, con 20% a 30% de la esclavitud global afectando a menores de edad.[18] De esta escandalosa y vergonzosa cifra global, que causa asco, más de dos millones de seres humanos esclavizados por la delincuencia organizada son originarios y victimizados sólo en Latinoamérica.

Hay que tener en cuenta que aproximadamente seis a siete de cada 10 dólares mafiosos provenientes del lavado se logran integrar a la economía formal de los países más ricos de la OCDE, los que poseen el más funcional Estado de derecho; o sea, es la paradoja mencionada en capítulos anteriores acerca de la delincuencia organizada, en la que el mafioso ligado a la compraventa de seres humanos y a otros 22 tipos de delitos económicos busca seguridad jurídica para finalmente integrar sus capitales de origen sucio en las naciones más prósperas y estables del planeta.

Las tipologías de trata ya mencionadas se vinculan entre sí; es más, la trata de personas es un delito que se origina en delitos previos y deriva en otros delitos organizados posteriores, generando así una red patrimonial delictiva donde cada caso de trata involucra a redes delictivas operando en un mínimo de cuatro países. Por ejemplo, muchos se originan en secuestros de menores de edad o de adultos en regiones con extrema pobreza (norte de Argentina o Paraguay, por ejemplo), y estos luego derivan en el uso de toda una infraestructura económica internacional de transporte, viviendas y transacciones patrimoniales que debería conllevar miles de investigaciones patrimoniales internacionales anuales, hoy ausentes, para así tipificar estos casos en los ámbitos penales de la trata de personas y el lavado de dinero.

Con tal precedente, existe muchas veces una diferenciación muy difusa entre la prostitución (que se pinta muchas veces como de carácter voluntario) y la trata de personas. Ciertamente ambos fenómenos se vinculan, es así que algunos científicos han verificado con datos duros que la regulación laboral integral (o sea, la legalización) de todos los trabajadores sexuales en Alemania durante los últimos 10 años ha reducido la trata de personas dentro de su territorio; o sea, el que todos los derechos laborales y demás derechos sociales se apliquen a los trabajadores sexuales de la misma manera que a cualquier otro empleado bancario o funcionario del Estado causará un impacto positivo en la salud de las personas que ofrecen servicios sexuales, en la salud pública en general, y en el crecimiento legal de la infraestructura empresarial *no criminal* dedicada a este propósito, quitándole así porciones del mercado a un negocio clave para la delincuencia organizada.

En este contexto, hoy los alemanes debaten si su regulación laboral de las empresas y personas involucradas en la oferta de trabajo sexual ha reducido de manera sostenida el poder económico de la delincuencia organizada; como puede leerse, medidas regulatorias no penales pueden neutralizar a redes criminales siempre y cuando un país posea, como Alemania, capacidad de implementación regulatoria no corrompida. Rara vez se observa que países en desarrollo y en transición hacia democracias muestren capacidades regulatorias semejantes a las de Alemania; por lo tanto, para "legalizar" el trabajo sexual o el acceso a drogas psicoactivas esperando que se generen impactos positivos en la salud, primero se requiere que los Estados posean capacidad de regular la producción, el consumo y el acceso a estos bienes y servicios. Sólo así la delincuencia organizada perderá su espacio de acción en los mercados.

Lo cierto es que muchos países no han avanzado tanto como Alemania: si bien Europa Occidental y Norteamérica tienden a despenalizar el comportamiento de la persona que ofrece el trabajo sexual, muchas de estas mismas naciones impulsan causas penales contra los dueños de instalaciones que proveen tales servicios y en otros casos se criminaliza al cliente, o sea, a la demanda del trabajo sexual.

Si bien es verdad que la corrupción migratoria y las fronteras porosas son un factor facilitador para la delincuencia organizada dedicada a la trata de personas, hay que comprender que son los vacíos de Estado los principales estímulos para la oferta original de personas victimizadas por la trata: vacíos de control judicial, vacíos de controles patrimoniales de empresas legalmente vinculadas a la trata y vacíos de controles preventivos de la corrupción política constituyen tres catalizadores. Sin embargo, los principales precursores de los flujos de trata son los vacíos de prevención social —caracterizados por altos niveles de marginación socioeconómica—: una deficiente infraestructura de salud pública, adicciones previas a drogas psicoactivas, falta de oportunidades en los mercados laborales formales, abusos sexuales o de otro tipo en el ámbito familiar, disfuncionalidades de escolaridad. Es así que Argentina, Brasil, Paraguay, República Dominicana y México constituyen las principales fuentes de oferta de víctimas de trata hacia los países de mayor poder adquisitivo del hemisferio occidental, Europa principalmente.

Existen ejemplos concretos universalmente conocidos, como el de María de los Ángeles Verón, *Marita*, una joven argentina de 23 años habitante de la provincia de Tucumán, que salió de su casa el 3 de abril de 2002 rumbo a una consulta médica y desapareció desde ese día. Ante los vacíos judiciales del Estado argentino, Susana Trimarco, su madre, valientemente inició una búsqueda que duraría años mediante investigaciones privadas, pero hasta hoy no ha tenido resultados, enfrentándose a un marco de corrupción de autoridades policiales, judiciales y políticas cómplices.

Con todo, las indagaciones patrocinadas por la señora Trimarco llevaron a identificar redes criminales de tratantes en centros nocturnos de "entretenimiento" en las provincias argentinas de La Rioja, Tucumán, Buenos Aires, Córdoba y Santa Cruz, con vínculos directos a redes criminales españolas localizadas en Bilbao, Burgos y Vigo.

Como producto de los operativos impulsados inicialmente por la madre, se rescató a 20 víctimas entre España y Argentina; sin embargo, *Marita* continúa desaparecida. El caso de su desaparición forzada derivó en causas penales a 10 personas imputadas por trata que esperan juicios orales. Sin embargo, por medio de este caso se observan dos grandes fallas del sistema internacional antitrata: la primera es que causas tipificadas por trata de personas son iniciadas por víctimas o terceros y casi nunca mediante investigaciones proactivas de Estados coordinados con otros Estados. La segunda gran falla es que en casi ninguna investigación se decomisan los activos patrimoniales de los cómplices. En el caso aquí mencionado, nunca se congelaron los departamentos en España donde vivían las víctimas, ni los vehículos utilizados ligados a empresas; más aún, no se realizaron perfiles patrimoniales de socios y familiares que se relacionaban con los imputados. En este sentido, la gran mayoría de los sistemas judiciales del planeta continúan favoreciendo (por acción u omisión) a la impunidad, al no decomisar o extinguir el dominio sobre bienes, que constituyen el principal incentivo de las redes criminales para seguir operando.

Las rutas internacionales de trata poseen patrones ya conocidos. Para la trata con fines de explotación sexual-laboral, el flujo de personas victimizadas es desde el Caribe, México y el Cono Sur, hacia Europa, principalmente España y Portugal, pasando por el norte de África y Medio Oriente; parte de este flujo de esclavitud alimenta los centros turísticos mexicanos con total impunidad. Otra ruta utilizada por los más altos flujos de esclavitud abarca desde los países más pobres de Asia (Camboya o Myanmar, por ejemplo) a los más ricos (Japón) y al Medio Oriente (Emiratos Árabes) a través de las redes criminales operadas por las *yakuzas* japonesas y las más diversas tríadas chinas. Hay que tener en cuenta que la gran proporción de flujos de trata de personas es intrarregional (por ejemplo, dentro de Latinoamérica) dados los riesgos que implica para las redes criminales el traslado de víctimas de trata de una región a otra, como a través de los países del norte de Europa, que poseen mayor efectividad en el combate de este flagelo.

Urge entonces la formación de unidades regionales de investigación patrimonial, emulando el ejemplo que ha venido mostrando Europol (Oficina Europea de Policía) con su Centro Europeo contra el Cibercrimen, inaugurado en 2013,[19] y las divisiones de inteligencia criminal, que aun sin previas denuncias de víctimas ni de terceros y de manera proactiva coordinan una fuerza interinstitucional de investigaciones para cada caso potencial de trata, incluyendo en este grupo a agencias de inteligencia, policías, fiscales, jueces de control, autoridades de recaudación tributaria y autoridades migratorias y de aduanas. Este tipo de fuerzas interinstitucionales genera lo que se denomina *inteligencia criminal,* para que antes de elaborar hipótesis de trabajo un fiscal nacional que dirija una investigación policial conozca de antemano las redes sociales y los organigramas de cada organización criminal dedicada a la trata que después investigará. Este enfoque proactivo de investigaciones coordinadas internacionalmente, basado en inteligencia criminal previa, brilla por su ausencia en la gran mayoría de los países de nuestra región, con excepción de las mejores prácticas de Colombia y Costa Rica.

Finalmente, es necesario activar a la Corte Penal Internacional para que procese miles de causas originadas en naciones donde sus sistemas judiciales están ausentes o paralizados por la corrupción de funcionarios y de empresas privadas vinculadas a la trata de personas. Las miles y miles de redes de asociaciones civiles que hoy ya brindan un muy fragmentado pero valiente y necesarísimo apoyo psicológico, médico y jurídico a las víctimas para su posterior reinserción social deberán también comenzar a presionar internacionalmente para que la prevención social y el castigo vayan de la mano de un mayor activismo de las instancias judiciales supranacionales. Si existen vacíos de desempeño de los Estados, las organizaciones internacionales deberán intervenir para salvar vidas en la hasta ahora vergonzosa expansión de la esclavitud de nuestros días.

INDICADORES DE ALERTA TEMPRANA PARA INVESTIGACIONES PATRIMONIALES

Toda investigación financiera o patrimonial no financiera depende de identificar indicadores de alerta temprana que permitan conocer vínculos entre personas físicas y jurídicas que estén en contacto con redes criminales, ya sea para casos de trata de personas o cualquier otro delito patrimonial. Estos indicadores incluyen, como ya se especificó anteriormente, la ausencia de ingresos o pocos declarados en relación con el lujoso estilo de vida de los investigados; otros los proporcionan el análisis de cuentas bancarias declaradas por el (los) sospechoso(s) al fisco, cuyos montos totales son incompatibles con sus enormes gastos. El crecimiento inusual de patrimonios netos representa un indicador de alerta temprana y a la vez constituye el fundamento de investigaciones; otros indicadores más incluyen compras de activos con un valor muy inferior al del mercado o la obtención de préstamos inmobiliarios con base en ingresos demasiado bajos.

También debe ponerse atención a operaciones de compraventa de bienes inmuebles inusuales, a ventas ficticias de propiedades, y al uso de tarjetas bancarias emitidas en paraísos fiscales.

Ya mencionábamos que un paraíso fiscal es un país o territorio con sistemas tributarios que favorecen a sus no residentes y con poca fiscalización. En 1998 la OCDE identificó cuatro características de estos espacios:

1. Que la jurisdicción no imponga impuestos o estos sean sólo nominales, es decir, que no haya impuestos directos.
2. Que exista falta de transparencia en sus sistemas.
3. Que las leyes o prácticas administrativas no permitan el intercambio de información fiscal con otros países.
4. Que los no residentes tengan beneficios impositivos aunque no desarrollen ninguna actividad productiva en el país.[20]

Actualmente la OCDE considera que existen por lo menos 41 paraísos fiscales en el mundo.[21] Sin embargo, algunos analistas consideran que podrían ser más, quizás hasta el doble.

El mapeo de una red criminal patrimonial debe extenderse a la investigación de empresas con títulos de propiedad poco transparentes; estas pueden estar a nombre de los sospechosos o de sus familiares, amigos y socios, y también mostrar patrones de propiedad internacional sospechosamente incompatibles con los fines comerciales de quienes están bajo investigación. Es importante además analizar con cuidado la compra y venta de acciones con precios significativamente superiores o inferiores a los valores del mercado, así como las contribuciones del dueño al capital de las empresas sin razón aparente; esto puede verse en las declaraciones de ingresos anteriores, y debe ponerse atención en la acumulación de intereses sobre préstamos y demás pasivos de la empresa. En síntesis, un indicador clave de alerta temprana para investigar proactivamente a empresas por lavado de dinero lo representan capitales con orígenes no verificables.

Cuando estas alertas tempranas aparecen deben ser reportadas a las entidades financieras reguladoras: es en este punto donde falla la mayoría de los bancos relacionados con escándalos de blanqueo.

Entre los indicadores que también deberían reportarse como alertas se encuentran pagos con destino o de procedencia de terceros no implicados en la operación comercial o financiera de las empresas investigadas y la utilización de cuentas bancarias de empresas como cuentas de tránsito con depósitos en entidades financieras no declarados al fisco. Como puede verse, la identificación de movimientos sospechosos no es nada fácil y requiere de mucha atención y capacitación.

Todas las investigaciones judiciales mencionadas en este capítulo han podido realizarse porque se ha detectado a empresas con sospechosos aumentos masivos en sus ventas, pagos en efectivo superiores a los 100 mil dólares por compras de bienes nunca entregados (compradores ficticios), operaciones financieras carentes de documentación registrada oficialmente, operaciones ligadas a bienes o servicios que no tienen nada que ver con el giro de la empresa, facturación falsa y hasta sobrefacturación de costos operativos que no poseen ningún tipo de lógica.

Todo esquema antilavado debe reflejar la complejidad de un régimen de prevención y combate. En ese sentido, tiene que fundamentarse en la evaluación de riesgos. Por ello, deben identificarse las causas que estimulan el blanqueo, las modalidades más frecuentes y los sectores económicos, financieros y legales más vulnerables, así como la efectividad de los sistemas de control y prevención de la delincuencia organizada.[22] Un mapeo patrimonial de las redes criminales presentes en una región o país que se está investigando es información necesaria para investigar el blanqueo de capital, pues así es posible definir cuáles fueron los delitos que dieron origen a los recursos ilícitos investigados, y así tener más pistas sobre cómo pudieron ser introducidos esos activos al mercado financiero formal.

Tal como se indicó en la sección anterior, entre los delitos que más hay que vigilar cuando se trata de lavado de dinero está la trata de personas, pues requiere de toda una infraestructura económica internacional de transporte, viviendas y transacciones patrimoniales que muchas veces ni siquiera es descubierta aun después de que se sentencia a las personas físicas culpables de este delito o de secuestro, dejando intactas las redes delincuenciales. En el mejor de los casos se identifican las cuentas bancarias adonde van a parar las ganancias de una actividad criminal y las de algunos empleados menores que son los encargados más visibles de blanquear el dinero, pero nada más. Sin embargo, por encima del personal de planta están los gerentes operativos, que coordinan las labores de protección y lavado de activos: a estos personajes se les identifica y detiene con mucha menor frecuencia. Finalmente, es todavía más difícil alcanzar en las investigaciones las cúpulas de la red criminal, generalmente formada por empresarios, políticos de alto nivel y grandes capos.

Los equipos que he dirigido en varios países han revisado medio millar de expedientes judiciales correspondientes a 328 redes criminales que operan en 111 naciones. Nuestras bases de datos muestran que estas organizaciones delictivas cuentan con aproximadamente 120 mil miembros, incluidas asociaciones ilícitas y sus franquicias.

Desearía ejemplificar aquí cómo lavan dinero las redes de trata de personas. En una de las asociaciones ilícitas que hemos analizado[23], hay una imputada (la denominamos *Señora A.*) que dirigía el reclutamiento de mujeres jóvenes de un país para dedicarse a la prostitución en España: les ofrecía el pago del pasaje de avión hacia Europa, les costeaba los trámites administrativos (la emisión del pasaporte para viajar) y les entregaba cierta cantidad de dinero para ingresar como turistas a territorio español. Una vez dentro del país, las jóvenes se alojaban en un edificio administrado por un cómplice, *B.,* quien estaba encargado de supervisar su trabajo y recaudar 50% de lo que ganaban prostituyéndose, pues esa era la "comisión" que se quedaban los criminales.

El flujo de efectivo era relativamente simple: el cómplice *B.* le enviaba dinero a la *Señora A.* mediante transferencias bancarias, pero no sólo a ella sino también a su pareja, a su madre, a su hermana, a dos empresas y a otros particulares. Las jóvenes se quedaban solamente tres meses en España, pues eso duraba su estancia legal, luego regresaban a su país y eran remplazadas por nuevas mujeres.

El negocio era muy redituable, pero fue descubierto: una de las víctimas fue detenida en el aeropuerto de Madrid, pues le encontraron varios paquetes de dinero ocultos bajo la ropa, con más de 35 mil dólares en total; confesó que era para la *Señora A.* La investigación iniciada rápidamente identificó a los integrantes de la familia de la *Señora A.* que recibían recursos, pero también descubrió que era integrante de otra organización criminal que se dedicaba a traficar droga en Europa.

Según la indagatoria, la *Señora A.* había invertido su dinero en distintos bienes. Con su pareja compró 17 inmuebles, entre ellos dos edificios en España donde hospedaban a las víctimas, ambos a nombre de ella; el resto del patrimonio criminal fue asignado a propiedades que estaban a nombre de su hija, quien tenía entre tres y 11 años de edad cuando fueron adquiridas. La red criminal además poseía 12 automóviles que eran explotados como taxis por el tío de su pareja, quien aparecía como el dueño oficial de los vehículos, así como cuatro camionetas a nombre de su pareja.

La *Señora A.* y su pareja aún están siendo investigadas por trata de personas, lavado de dinero, tráfico de drogas y explotación laboral. Continúa el proceso porque la investigación patrimonial fue deficiente: no hubo una investigación conjunta entre las autoridades del país de origen de las jóvenes y España, ni se pidió la extradición de los cómplices de la red internacional; tampoco fueron llamados a declarar los funcionarios que avalaron la compra de inmuebles con dinero sospechoso. Con esto, el fiscal tiene aún un caso débil. La mayoría de los relacionados con el lavado de dinero y la trata de personas que nuestros equipos analizan en diversos países tienen estas deficiencias.

Sin lugar a dudas, las mejores prácticas de investigación para identificar movimientos de blanqueo de dinero siempre incluyen información que se origina en tres fuentes:

- La detección de transacciones sospechosas o inusuales dentro del sistema financiero (tales como transferencias bancarias, apertura y uso de cajas de ahorro, transacciones sospechosas en efectivo o usos inusuales de cuentas corrientes).
- La detección mediante agentes de inteligencia de campo, o analistas de inteligencia, de personas físicas o jurídicas activas en la recepción o envío de fondos desde o hacia personas políticamente expuestas o bajo investigación penal en casos aparentemente desligados en otros países.
- Información que surge de la misma investigación penal de las personas físicas o jurídicas involucradas en delitos determinantes (delitos predicados), donde surgen activos patrimo-

niales (no financieros) como productos o instrumentos del delito determinante que se pretenden lavar ya sea por medio de empresas de comercio exterior o minoristas de venta de bienes o servicios.

Una vez reunida esta información preliminar a partir de una, dos o desde las tres fuentes antedichas, siempre es necesario que en casos de delincuencia organizada, lavado de dinero o de cualquier otro tipo ligados a asociaciones delictuosas se deban impulsar tres tipos de investigaciones policiales paralelas, siempre jurídicamente coordinadas por una fiscalía especializada:

- La investigación penal propiamente dicha, que se focaliza en acreditar los elementos de delitos y en establecer la autoría del delito determinante desde donde se origina o reside el capital sucio, lo cual implica identificar a los autores materiales e intelectuales del delito determinante (sea un homicidio, secuestro, tráfico de drogas o trata de personas) y a toda la red criminal, incluida la red de patrimonios tangibles (reales) o financieros involucrados.
- La investigación patrimonial de los diferentes productos o instrumentos que derivan del delito determinante, para así ubicar los bienes patrimoniales tangibles que emanan de la actividad criminal.
- Finalmente, la investigación financiera, que se focaliza en desmantelar a los autores del proceso por el cual se intenta lavar o se lavó el dinero, lo cual incluye identificar a los contadores, abogados y demás "profesionales" y personas jurídicas que han asistido o facilitado el proceso en un país o en una serie de países. De esta última rama investigativa financiera debería abrirse una nueva causa penal por lavado de dinero,

lo cual implica reunir el material probatorio requerido para acreditar el delito de lavado.

Esos tres tipos de investigaciones deberían ser paralelas e interrelacionadas de manera coordinada entre policías y agencias de inteligencia patrimonial y financiera, con las tres instituciones jurídicamente dirigidas por una fiscalía, lo cual derivaría como producto judicial en la incautación y el decomiso de los bienes instrumento o producto de delitos o, en el caso de ya no existir estos, en un decomiso por monto equivalente a los instrumentos y los productos ligados a los delitos determinantes.

A la luz de estas consideraciones, se podría pasar de la investigación penal a la patrimonial no financiera para mapear las redes de activos físicos que hicieron posible el delito determinante, para finalizar en la investigación financiera que configure el lavado de dinero como delito autónomo o derivado. Alternativamente, una investigación por delincuencia organizada también podría partir de un análisis de inteligencia financiera por operaciones sospechosas de lavado y llegar a la identificación de los bienes tangibles que hicieron posible el lavado y el delito determinante para después culminar en una causa penal por delitos que se vinculan y dieron origen al lavado.

Lamentablemente, la experiencia internacional de este autor es que en países con altos niveles de delincuencia organizada y de corrupción política rara vez se abren los tres canales de investigación aquí señalados de manera coordinada, interactiva y simultánea; esto ocurre ya sea por dolo o negligencia de los funcionarios judiciales, pero rara vez por ignorancia.

4

Las brechas entre la prosa de la ley y la ley en acción: los nuevos fraudes

En 1989, cuando la opinión de expertos internacionales comenzó a tomar conciencia de que los casos de lavado de dinero invadían el orbe y comenzaban a amenazar las economías formales de varias regiones, las siete economías más poderosas del planeta (Alemania, Canadá, Estados Unidos, Francia, Italia, Japón y Reino Unido), junto con la Comisión Europea y algunas otras naciones, crearon el Grupo de Acción Financiera Internacional (GAFI), con la misión de acordar, delinear e implementar de manera internacionalmente coordinada las medidas para detectar y confiscar el dinero sucio en el sistema financiero mundial. Actualmente 36 países son miembros de este organismo internacional,[1] los que se rigen por sus lineamientos en el combate al blanqueo de capitales.

Las recomendaciones del GAFI son estándares internacionales mínimamente aceptables de prevención y sanción del blanqueo de dinero. Emitió inicialmente un primer conjunto en 1990, 40 en total, y han tenido cuatro revisiones desde entonces con el fin de reflejar la evolución de los tipos de lavado o blanqueo, que incluyeron en 2001 técnicas para evitar el financiamiento del terrorismo.[2] Estas recomendaciones abarcan las tipologías de este delito cada vez más frecuentes, incluso las que involucran a actores no financieros como agentes de bienes raíces, notarios, abogados, joyeros, etc. Algunas de las recomendaciones más importantes del GAFI son:

- Fortalecer los sistemas legales instando a los Estados a sancionar el lavado de dinero como tipo penal derivado de la mayor cantidad de delitos precedentes (también llamados determinantes), confiscando activos de origen ilegal vinculados a estos delitos y asegurándose de que todo material probatorio derivado de estos casos pueda ser aplicado a los imputados para motivar sentencias civiles y penales (Rec. III).
- Promover que las regulaciones nacionales que enmarcan al secreto bancario no sean usadas para bloquear investigaciones judiciales de o entre los países miembros (Rec. IV).
- Adoptar medidas para prevenir el lavado y el financiamiento del terrorismo mediante protocolos para implementar una debida diligencia, es decir, una investigación exhaustiva que contemple todas las posibilidades de entidades financieras y no financieras que podrían estar involucradas en casos de lavado de activos. Entre estos protocolos se encuentra conocer a clientes que obtienen servicios financieros, el monitoreo continuo de clientes políticamente expuestos, y la vigilancia de transacciones a través de las fronteras y que no involucren interacciones cara a cara con el cliente, entre otros protocolos (Rec. II, VI y IX).
- Informar de transacciones sospechosas al organismo y sus miembros mediante Reportes de Actividades Sospechosas (RAS, o SARS en inglés) cuando sean detectadas interacciones que pudieran involucrar fondos de dudoso origen (Rec. IV).
- Establecer sistemas de protección para prevenir que clientes sospechosos establezcan relaciones financieras con bancos

que no posean una representación física en el país y aplicar recomendaciones a profesiones y negocios no financieros que pudieran ser vulnerables al lavado de dinero (Rec. VIII).

- Aplicar las recomendaciones del GAFI a las casas matrices de instituciones financieras y no financieras, así como a sus subsidiarias y sucursales en otros países (Rec. XXI–XXII).

- Regular y supervisar las operaciones y las transacciones económicas de operadores financieros y de actores no financieros que pudieran ser utilizados para blanquear activos, como casinos, agentes de bienes raíces, joyeros y abogados, entre otras profesiones no financieras (Rec. XXIV).

- Establecer Unidades de Inteligencia Financiera (UIF) en cada país miembro con el fin de crear, analizar y diseminar Reportes de Actividades Sospechosas que puedan asistir a los eslabones del sistema de justicia penal y civil para realizar sus investigaciones patrimoniales (Rec. XXVI–XXXII).

- Asegurar que personas jurídicas establecidas en los países miembros no sean utilizadas para canalizar operaciones de lavado de dinero (Rec. XXXIII–XXXIV).

- Establecer canales de comunicación para la cooperación internacional, en particular sobre asistencia legal y judicial y para extradiciones (Rec. V).

- Monitorear transferencias interbancarias, incluyendo datos sobre la identidad, el domicilio y el perfil de los beneficiarios y de los remitentes, a través de toda la cadena de pagos (Rec. VII).

Este es un resumen de las 40 recomendaciones emitidas por el GAFI, pero como se menciona en el capítulo 1 al exponer las estadísticas del crecimiento en las operaciones para lavar capitales, han sido considerablemente insuficientes para desmotivar a los criminales; incluso varios países se han incorporado como miembros a este selecto grupo sin cumplir con ellas, como es el caso de México y Nigeria.

En esta obra he mencionado ya que los países con poca gobernabilidad, es decir, con vacíos de controles judiciales y patrimoniales, poseen niveles mucho más altos de delitos organizados complejos, aquellos que se caracterizan por infligir mayor violencia contra la integridad física de las personas. En estos los sistemas tributarios están sujetos a niveles más altos de corrupción administrativa y exhiben relativamente bajos niveles de recaudación tributaria. En este entorno tan deficitario, el motor del sistema financiero legal es el dinero del crimen organizado.

Las estadísticas prueban que los principales evasores de impuestos en cualquier nación son aquellos que tienen un alto ingreso y pueden depositar sus ganancias en bancos de países distintos a aquellos en los que realizan sus negocios, muy frecuentemente en paraísos fiscales. Además, la evasión fiscal refleja claramente los niveles de corrupción de un país, pues se necesita del contubernio de funcionarios públicos para que la falta en el pago de impuestos no sea detectada.[3]

El nivel de civilidad puede ser medido fácilmente en la cantidad de impuestos como porcentaje del PIB que reciben los países: Finlandia, por ejemplo, recauda alrededor de 44% del PIB y posee excelentes sistemas de salud y educación pública, mientras que lo que se recauda en Afganistán no llega ni a 6%.[4] Afganistán es un país reconocido por permitir con bastante facilidad la entrada de capitales ilegales al mercado financiero formal legal.

La colocación inicial de capitales de origen sucio ocurre en países en desarrollo con baja calidad de controles patrimoniales porque el delito fiscal no es clasificado como determinante y no puede motivar una causa penal por lavado de dinero, lo cual limita la amplitud de las acusaciones penales vinculadas. En otras palabras: en esos países cometer un fraude fiscal es un delito menor que casi nunca se relaciona en las indagatorias con delitos más duros hasta que ya es demasiado tarde.

La OCDE ha identificado, entre otras, distintas señales conjuntas de que se está cometiendo un fraude fiscal. Por ejemplo: *a)* que las compañías no tengan un propietario claro; *b)* que este propietario esté relacionado familiar, amistosa o financieramente con algún delincuente que haya recibido sentencia final condenatoria en otros países o en el mismo; *c)* que la firma tenga una estructura internacional, pero sin beneficios legales, comerciales o fiscales aparentes; *d)* que la compañía haya comprado recientemente alguna filial por encima o debajo de su precio real, o *e)* que el propietario establezca su domicilio formal fuera del país donde la empresa tiene el mayor porcentaje de sus ganancias.[5] Las autoridades de los países desarrollados son las que tendrían que estar pendientes de estos indicadores, pues nueve de cada 10 dólares de origen sucio que se generan por delitos violan leyes tributarias en esas naciones. Esto tendría que cambiar. Para evitar este problema, el delito fiscal debería ser considerado determinante del lavado de dinero.

Países con sistemas legales, judiciales y de controles patrimoniales avanzados han expandido poco a poco la lista de delitos previos determinantes del lavado de dinero, los que pueden dar lugar a motivar una acusación penal por lavado; Alemania, Bélgica, Canadá, Estados Unidos, Francia y Japón incluyen al fraude fiscal como delito precedente al lavado, facilitando así las investigaciones, la creación de mapas patrimoniales y, por tanto, el otorgamiento de sentencias relacionadas con el blanqueo de dinero. En Francia, quien comete un fraude fiscal puede además ser castigado por el delito de lavado, mientras que en Alemania esto se prohíbe expresamente. Las mejores prácticas internacionales requieren la conexión de ambos delitos, estableciendo al fraude tributario como delito antecedente al de lavado.[6]

Lo cierto es que la política de defraudación fiscal y los delitos relacionados con esta han sufrido enormes cambios en los últimos años. El incremento de los actos terroristas en Europa y el aumento considerable en el manejo de flujos de capitales a nivel internacional por parte del crimen organizado han hecho que los tribunales nacionales modifiquen la tipificación de delitos para que sea cada vez menos difícil fundamentar y motivar sentencias condenatorias en contra del blanquco; España, Alemania y Bélgica son ejemplo de esto,[7] sin embargo, sigue siendo muy complicado dar a los jueces elementos para llevar a cabo este propósito, como ya he explicado. Pocas personas han sido condenadas por lavado de dinero en estas naciones a pesar de que, como se explicó en el capítulo 1, más de 60% de los capitales de origen sucio se integran precisamente en sus economías formales. Sabemos que esto ocurre después de que los delincuentes organizados —incluyendo políticos— colocan y diversifican el patrimonio sucio a través de cientos de inversiones en paraísos fiscales. Cuando ese dinero criminal llega, por citar algunos casos, a Austria, Alemania o Estados Unidos, a un fiscal americano, alemán o austriaco le resulta casi imposible rastrear su origen, salvo que exista una denuncia con prueba objetiva corroborante.

Cuando el dinero se encuentra ya en estos países, los criminales cumplen con la estricta fiscalización. Una organización criminal puede pagar a abogados y asesores financieros hasta una tercera parte de sus ganancias para que el dinero no se haga notar en estas economías. Ya lo he dicho: los mafiosos buscan seguridad jurídica para aumentar sus retornos a largo plazo. A pesar de este minucioso camuflaje, es más factible fundar una causa penal por lavado en estas naciones con controles patrimoniales e inteligencia financiera avanzada, pues en otros con relativamente pequeños o medianos sectores financieros no hay información disponible sobre los flujos económicos. Ahí la mayoría de la población no posee cuentas o créditos bancarios; es más frecuente observar operaciones de lavado de dinero por medio de actores no financieros tales como notarios, abogados, joyeros, agentes de bienes inmobiliarios y casas de juego (casinos), como ya lo expresé antes.

Los tipos de fraudes fiscales que pueden realizarse siguen patrones diferentes según el país donde ocurren. En algunas naciones desarrolladas estos ilícitos se han multiplicado y convertido en cibercrímenes millonarios.

En Canadá, por ejemplo, cada vez es más común que identidades falsas o que fueron robadas mediante sistemas informáticos sean usadas para cometer fraudes tributarios. Los criminales presentan declaraciones impositivas falsas, usando información falsa, para después obtener cuantiosos reembolsos tributarios o subsidios fiscales. En algunos otros casos, expertos en el sistema fiscal manipulan declaraciones tributarias de ciudadanos inflando los reembolsos a percibir y ellos se quedan con la diferencia o tramitan créditos tributarios y se apropian de los fondos.

Los bancos canadienses han sido usados además para participar en fraudes tributarios internacionales: tal es el caso del Banque Royale, el más grande de ese país, cuya filial en Bahamas habría sido usada para cometer un fraude fiscal y blanqueo de 600 millones de euros de un marchante próximo a Nicolas Sarkozy, ex presidente de Francia, quien lo condecoró con la Legión de Honor.[8]

México también tiene un alto índice de defraudación fiscal, lo que no debe sorprender, pues es una nación con casi 120 millones de habitantes que apenas recauda 10% de su PIB en impuestos, uno de los más bajos niveles en este indicador entre todos los miembros de la OCDE. Además, como ya se mencionó en capítulos anteriores, México está en el tercer lugar a nivel mundial en cuanto a la escala de los flujos anuales de procedencia ilícita. También es muy frecuente el robo de identidad de personas jurídicas (empresas y asociaciones civiles) para obtener contratos y registrar ingresos que nunca son declarados ante el fisco; estas empresas ficticias y virtuales, manejadas por criminales, abren cuentas bancarias por medio de la falsificación de documentos oficiales y después son usadas para lavar dinero sucio. En México se combinan frecuentemente el fraude fiscal, el lavado de dinero y la corrupción política.

Cabe destacar que a pesar del activismo diplomático de países como México, Nigeria o Pakistán a la hora de apoyar, firmar y ratificar fervientemente todo instrumento jurídico internacional existente, en la práctica estos mismos instrumentos son violados de manera repetida por políticos y su personal judicial. Aunque se han identificado varios casos de fraude fiscal en México, muy pocos han podido castigarse: uno muy reciente involucra a un ex gobernador del sureño estado de Tabasco, Andrés Granier, quien fue acusado por la Procuraduría General de la República (PGR) de lavado de dinero y defraudación fiscal. Según los datos de la Procuraduría, durante su administración (2007–2012) hubo un desfalco de más de 145 millones de dólares de las arcas públicas tabasqueñas.[9] Granier fue detenido en junio de 2013;[10] sin embargo, las autoridades no pudieron comprobar que había realizado operaciones con recursos de procedencia ilícita por apenas dos millones de dólares, y un tribunal lo absolvió de este delito.[11] El ex gobernador todavía enfrenta cuatro procesos penales más, pero dados los antecedentes de las autoridades mexicanas en el castigo a este delito, no se augura ninguna sanción relevante.

Investigaciones periodísticas también han revelado cómo importantes empresarios mexicanos han realizado fraudes fiscales colocando sus recursos en instituciones de diversos países donde el secreto bancario es su gran aliado para esconder su riqueza, como en Suiza. De acuerdo con una investigación del Consorcio Internacional de Periodistas de Investigación (ICIJ, por sus siglas en inglés), la filial suiza del banco HSBC ha facilitado, debido a sus errores de control, que traficantes de armas, dictadores y empresarios en general oculten más de 100 mil millones de dólares en sus cuentas. Y aunque los clientes mexicanos que se encuentran en esa oprobiosa lista no son de los que se insinúa que más dinero han escondido en ese país europeo, el caso deja ver que hasta empresarios al frente de firmas bien constituidas pueden llegar a estar implicados en fraudes fiscales. Según las autoridades tributarias mexicanas, tan sólo en 2013 fueron detectados fraudes fiscales por casi 2 mil millones de dólares.[12]

Reportes de investigación indican que entre los empresarios en la "lista HSBC" se encuentra Carlos Hank Rhon, dueño del Grupo Financiero Interacciones e hijo de un político simbólico de la historia mexicana, y Jaime Camil Garza, un multimillonario con profundas relaciones con la política y el entretenimiento.[13]

En lo que se refiere a robo de identidad, México es también un país muy vulnerable: se encuentra entre los 10 países en los que más se roban datos personales a nivel mundial.[14] La falta de protección de datos de los ciudadanos mexicanos es tal que en 2003 una empresa estadounidense, Choice Point, obtuvo la base completa de datos de los electores mexicanos.[15] Y aunque ya se aprobó una Ley Federal de Protección de Datos Personales, aún es posible comprarlos por una cantidad mínima de dinero.[16]

En Estados Unidos el fraude fiscal es igualmente un problema común, casi siempre relacionado con el lavado de dinero de recursos de procedencia ilícita, pues ahí se integra una quinta parte del dinero sucio del planeta a la economía formal; el incremento en los fraudes fiscales ha ido de la mano del aumento en el robo de identidad en ese país. La delincuencia organizada *hackea* con mucha frecuencia bases de datos de instituciones financieras y comerciales para obtener datos personales, principalmente en los Estados con menores controles para este tipo de ilícitos. La Comisión Federal de Comercio estadounidense recibió durante 2014 en total 332646 quejas por robo de identidad, 39% de ellas relacionadas con el robo de documentos, siendo Florida, Washington y Oregon los estados donde más se registraron las quejas.[17]

El robo de datos personales ha permitido la creación de empresas ficticias que declaran impuestos y generan fraudes fiscales reclamando supuestos créditos tributarios o reembolsos mediante facturación falsa. De acuerdo con el Servicio de Impuestos Internos de Estados Unidos (IRS, por sus siglas en inglés), en el año fiscal 2013 hubo intentos por fraude fiscal con identidades robadas equivalentes a 30 mil millones de dólares.[18] El problema ha crecido tanto que en octubre de 2014 la administración federal estadounidense anunció un plan para combatir el robo de identidad haciendo que todas las dependencias gubernamentales que manejan datos personales en línea incrementen los candados alrededor de esa información.[19] Estas empresas ficticias además tramitan tarjetas de crédito y algunas hasta generan ganancias por juegos virtuales informáticos que provienen de actividades ilícitas.

El robo de datos personales muchas veces se procesa en línea por medio de técnicas fraudulentas que ya están plenamente identificadas, aunque año con año son más sofisticadas debido a los cambios tecnológicos y, por tanto, son más difíciles de combatir. Entre las más comunes se encuentran las siguientes:

- *Phishing*: fraude mediante sitios de internet ficticios que se hacen pasar por sitios oficiales y solicitan información confidencial a los usuarios para robársela. Esta técnica es muy común; según la Encuesta Global de *Phishing*, en el segundo semestre de 2014 se registraron al menos 123 972 ataques en todo el mundo.[20] Esta encuesta es realizada por el Grupo de Trabajo Anti-Phishing, una coalición global que pretende combatir los cibercrímenes.

- *Malware*: son algoritmos cibernéticos que se *incrustan* en las computadoras y otras terminales (teléfonos, tabletas, etc.) y extraen toda información tecleada en estos dispositivos, incluidos nombres y contraseñas de usuarios, para después robar la información de manera muy sencilla. Tan sólo en 2014 fueron creados 317 millones de piezas nuevas de *malware* que circulan por el mundo virtual.[21]

- *Skimming*: un aparato es usado para extraer información de tarjetas bancarias con el fin de clonarlas y usarlas en operaciones de lavado de dinero y fraude fiscal.

LAVADO DE DINERO Y FRAUDES FISCALES

Ejemplos de lavado de dinero y fraudes fiscales abundan, tanto que recientemente se han impulsado en conjunto ambos tipos penales en un número creciente de procesos judiciales. Esto, desde luego, en países que se toman en serio las medidas antilavado.[22] Algunas investigaciones de este tipo incluso han requerido cooperación internacional.

El caso Bernadette, registrado en 1997 en la Unión Europea, es un claro ejemplo de esta tipología. Una mujer llamada Bernadette fue reportada en abril de 1997 por una unidad de inteligencia financiera nacional europea bajo la sospecha de estar lavando las ganancias del tráfico de drogas de una red criminal que operaba en 12 países. A la par de ese reporte, la unidad de inteligencia financiera de otra nación europea emitió otro Reporte de Actividades Sospechosas por la apertura de una cuenta bancaria que justo tenía la misma dirección de Bernadette registrada bajo la investigación penal original del primer país, y en la que ella era incluso cosignataria.

Al consultar a Interpol como la principal institución de coordinación policial internacional, se determinó que Bernadette había sido sujeta a una investigación penal preliminar en un tercer país europeo por haber abierto otra cuenta bancaria en ese territorio con fondos considerados sospechosos. Interpol también tenía un reporte de un cuarto país donde ella había constituido una empresa denominada The Parry, cuyo capital principal fue obtenido otorgando créditos ficticios a víctimas que no habían podido obtener uno en la banca formal: para poder recibir el supuesto préstamo se les pedía pagar por adelantado una suma equivalente a 10% de la cantidad solicitada, es decir, un fraude. Con estos adelantos, The Parry logró acumular un capital de dos millones de dólares.

La investigación patrimonial internacional que se realizó determinó que Bernadette coordinaba una red de fraude financiero y las ganancias se repartían entre 15 personas, todas miembros de una red de tráfico de drogas, por medio de depósitos en cuentas bancarias de varios países; esto llevó a la incautación de los recursos.[23] Este caso internacional resalta la importancia de la coordinación en tiempo real de las unidades de inteligencia financiera de distintos países y de Interpol. Si esta coordinación se replicase en su *modus operandi*, el combate al lavado de dinero y a los fraudes fiscales sería mucho más eficiente de lo que es en el presente.

Sin embargo, todas las convenciones internacionales y regionales en materia de blanqueo de capital omiten incluir el fraude fiscal y las infracciones tributarias como conductas precedentes del delito de lavado de dinero, tal como ya se comentó aquí. Este vacío jurídico en las convenciones internacionales ayuda a la delincuencia organizada, ya que impide la coordinación para investigar en varios países estos delitos tributarios asociados al lavado de recursos de procedencia criminal.

En un escenario casi ideal, es decir, si las convenciones tipificasen estos delitos tributarios, en países con un desarrollo precario de controles patrimoniales se podría avanzar con auditorías tributarias (las cuales no requieren de un delito para que se apliquen) que derivarían en una investigación penal; mientras que en naciones con controles más avanzados se investigaría por el lavado de dinero. Ambos esfuerzos podrían incluirse en la misma causa penal, como en el ejemplo de Bernadette.

La tormenta perfecta ocurre cuando redes de lavado de dinero utilizan fraudes tributarios, electorales y corrupción de funcionarios privados y públicos para operar: estas redes son como pulpos con muchos tentáculos que lo abarcan todo. Esta tormenta perfecta se observa en dos casos de denuncias por corrupción política y lavado de dinero internacional: el de Monex en México y el de Petrobras en Brasil. En el caso Monex se han denunciado (y aún no investigado adecuadamente) transferencias de fondos con propósitos presuntamente ilegales ligados a procesos electorales mediante tarjetas (monederos) en México, donde la Fiscalía Especializada para la Atención de Delitos Electorales (Fepade) requirió información a dicha empresa sobre la expedición de monederos electrónicos que habrían sido utilizados para comprar votos a favor del Partido Revolucionario Institucional (PRI) durante la elección presidencial de 2012, que terminó con el regreso de dicho partido al Poder Ejecutivo federal. [24]

El segundo caso de corrupción política surge en Brasil, donde Petrobras, como la principal compañía estatal petrolera de Brasil, licitaba sus obras públicas a firmas constructoras en el proceso de implementar la política "compre nacional" de Dilma Rousseff cuando era ministra de Energía para estimular la creación de empleo. De los presupuestos asignados a este propósito, equivalentes a miles de millones de dólares, se desviaba sistemáticamente 3% en promedio en sobornos para empresarios y políticos; posteriormente el dinero blanqueado se reintroducía en el sistema mediante empresas de gasolineras, hoteles o lavanderías. Los presuntos delincuentes transferían luego sumas elevadas de dinero al extranjero por medio de una red de más de 100 empresas fachada y cientos de cuentas bancarias, las que habrían derivado millones de dólares hacia China u Hong Kong. Las compañías, mediante transacciones financieras múltiples y sin propósito real alguno a fin de esconder el origen de los fondos, simulaban importaciones y exportaciones con el único propósito de recibir o mandar dinero, sin comercio alguno de productos o servicios.[25]

Estos dos casos (Monex en México y Petrobras en Brasil) son representativos de la presunta existencia de este tipo de redes políticas envueltas en lavado de dinero. En ambos se denuncia que la corrupción de grupos políticos y empresariales tenía como fin predeterminar resultados electorales e incluía distintos tipos de fraudes, una situación frecuente en toda Latinoamérica; la diferencia entre Monex y Petrobras es que en México las instituciones judiciales no han reaccionado adecuadamente y menos aún detenido a actores políticos, mientras que en Brasil sí. Tanto es así que en julio de 2015 jueces federales brasileños emitieron

sentencias contra los más altos ejecutivos de las empresas constructoras hallados culpables de actos de corrupción y la justicia
se aprestaba a sentenciar a los políticos del más alto nivel que se
beneficiaron de pagos ilegales como parte de esta misma corrupción privada y pública.

El caso Monex en México, magníficamente investigado y
reportado por el equipo de investigación de la periodista Car-
men Aristegui,[26] es la punta de un iceberg paradigmático en el
denunciado uso de nuevos tipos de transacciones electrónicas en
países con pocos controles para el financiamiento de campañas
políticas; sus redes involucrarían casos no sólo en México, también en España y Estados Unidos. De acuerdo con investigaciones periodísticas, todo parece haber comenzado en una casa de
bolsa, Monex, una de las instituciones financieras que utilizó
en 2012 el PRI para obtener apoyos a favor de su candidato a la
presidencia, Enrique Peña Nieto, quien finalmente logró jurar el
cargo. Vía monederos electrónicos, se denuncia que el PRI logró
comprar una cantidad indeterminada de votos a favor de Peña,
principalmente entre la población más pobre y con menor educación del país. Gracias a la triangulación, también se denuncia
que en la campaña de Peña Nieto se gastó 13 veces más del tope
permitido por las leyes mexicanas para una campaña presidencial, por un monto ilegal equivalente a alrededor de 280 millones
de dólares.[27] Después de investigar periodísticamente a la institución financiera, se denuncia que Monex no sólo triangulaba
dinero para campañas políticas, sino que había sido empleada por
redes de lavado de dinero del crimen organizado desde mucho
tiempo atrás. En 2003 tres operadores financieros del Cártel de
Tijuana, que manejaban los hermanos narcotraficantes Arellano
Félix, fueron detenidos; según las autoridades mexicanas, habían
lavado 3.8 millones de dólares entre febrero de 2000 y junio de

2002 vía Monex Divisas.[28] Posteriormente, en 2004, la DEA, la policía española y la Procuraduría General de la República de México dieron cuenta de que vía Monex se habían lavado 100 millones de dólares tan sólo en ese año. Adicionalmente, se denuncia que miembros del Cártel del Valle del Norte, uno de los principales grupos delincuenciales de Colombia, lograron lavar esta cantidad, producto del tráfico de cocaína en Europa, vía tres casas de cambio en México, donde aparece Monex y un banco español.[29]

A Zhenli Ye Gon, el ciudadano chino nacionalizado mexicano a quien se le incautaron más de 250 millones de dólares en efectivo, escondidos en su domicilio particular en un lujoso barrio de la Ciudad de México,[30] también se le acusó en 2007 de lavar dinero a través de Monex, entre otros bancos y casas de cambio.[31] Se estimó que su cuantiosa fortuna ilícita era resultado de la importación y distribución ilegal de pseudoefedrina para *cocinar* droga sintética.

Pero ahí no termina el recuento de las denuncias sobre las relaciones de Monex con el lavado de dinero. En 2008 autoridades españolas informaron a las mexicanas que un operador financiero de la organización criminal liderada por los hermanos Beltrán Leyva podría haber lavado unos 85 millones de dólares por medio de Monex Divisas y otra casa de cambio,[32] y en ese mismo año el Departamento de Justicia de Estados Unidos acusó a un supuesto prestanombres de Tomás Yarrington, un ex gobernador del estado mexicano de Tamaulipas, acusado de lavado de dinero, de transferir más de siete millones de dólares asociados a delincuencia organizada y corrupción vía varias instituciones financieras, entre ellas Monex.[33]

Vaya, vaya; Monex aparenta ser el canal de lavado de dinero político-mafioso más denunciado de la historia mexicana, abarcando casos criminales muy diversos aparentemente no relacionados. Atar cabos no llevaría mucho esfuerzo si las autoridades mexicanas realmente quisiesen realizar su trabajo judicial sin dejarse someter por presiones políticas corruptas. A pesar de las denuncias de la "oposición" política mexicana acerca de que Monex hizo ganar a Enrique Peña Nieto la presidencia, hasta el momento en que escribo estas líneas (julio de 2015) ningún funcionario de esa empresa ni político alguno había sido detenido; incluso, en febrero de este año el Tribunal Electoral federal mexicano exoneró al PRI por este caso, asegurando que el partido no cometió ningún delito al entregar tarjetas a votantes durante las elecciones de 2012,[34] lo cual parecería ser otro indicador del pacto político de impunidad prevaleciente en el país.

El patrón de fraude electoral y tributario, combinado con corrupción y sospecha de lavado, es más común de lo que creemos, siempre en países con débiles instituciones de control patrimonial.

En Brasil, el resultado de las investigaciones judiciales hasta ahora en curso fue diferente: en 2014 fue descubierta la red de sobornos antes explicada, relacionada con la asignación de contratos por parte de la petrolera nacional, Petrobras, y que involucraba al grupo político en el poder, el Partido de los Trabajadores; en marzo de 2015, la Corte Suprema brasileña resolvió que 54 políticos debían ser investigados por recibir al menos 800 millones de dólares en sobornos supuestamente pagados por empresas de construcción e ingeniería a cambio de contratos inflados de Petrobras.[35] La red de corrupción era tan profunda que los funcionarios enviaban dinero directamente al partido.

El escándalo cimbró al gobierno de la hoy presidenta Dilma Rousseff, que nunca impidió las investigaciones, y aún más, apoyó con hechos y palabras que los fiscales y jueces federales lleguen a todo rincón oscuro de la política adonde deban llegar. Como resultado, en Brasil ya se han producido castigos judiciales ejemplificadores. En abril de 2015, el ex director de suministros de la petrolera, Paulo Roberto Costa, fue sentenciado a siete años y seis meses de prisión por blanqueo de dinero y fraude.[36] Seguramente habrá más sentencias, pues mientras escribo esta obra, el proceso judicial contra estos políticos continúa en Brasil.

¿Cómo prevenir estas redes de lavado de dinero en empresas y gobierno? Algunos expertos en la creación de sistemas de prevención de blanqueo han mencionado ciertas alternativas, pero como ya se ha visto en este libro, cualquier esfuerzo hasta hoy ha sido insuficiente.

Entre las mejor recibidas por el coro de expertos internacionales se encuentra la necesidad de crear una estructura operativa destinada sólo a supervisar las operaciones de cada organismo público y privado, la cual debería estar compuesta forzosamente por tres dimensiones institucionales interactivas: un órgano de control interno y comunicación, una unidad operativa y un representante de la empresa ante los órganos supervisores.[37]

El órgano de control interno tendría que definir los criterios del organismo en materia de prevención del blanqueo, así como analizar y controlar la información y las operaciones que sean susceptibles o estén relacionadas con recursos ilícitos o por lo menos sospechosos. Este órgano debería estar conformado por los funcionarios relacionados con la detección de operaciones sospechosas y tener un alto nivel jerárquico dentro de la organización.

La unidad operativa estaría encargada de realizar las funciones diarias de provisión de información relacionada con presuntos casos de lavado de dinero. Estas funciones se resumen primordialmente en proveer de información oportuna al órgano de control interno de las operaciones que realiza la empresa; esta unidad operativa deberá analizar también las comunicaciones recibidas y enviadas por los empleados y directivos.

Finalmente, el representante de la empresa ante los órganos supervisores, nacionales e internacionales, sería el encargado de reunir la información obligatoria requerida para certificar que la compañía opera conforme a las reglas nacionales y las recomendaciones internacionales del GAFI explicadas al comienzo de este capítulo. Esta persona debería contar con una trayectoria profesional y ética que le permita desempeñar su cargo con honorabilidad y transparencia.[38]

Si la empresa u órgano público fallase en cualquiera de estas tres dimensiones orgánicas, muy probablemente los esfuerzos para contener las operaciones con recursos de procedencia ilícita serán en vano.

A lo largo de este capítulo se ha puesto de relieve que el poder económico de la delincuencia organizada internacional no está basado exclusivamente en el tráfico de drogas psicoactivas. Al contrario, hemos visto que las fuentes patrimoniales de las redes delincuenciales se hallan en un menú casi interminable de actividades supuestamente lícitas y otras ilícitas que van desde el robo cibernético masivo de identidad, pasando por el fraude tributario, hasta la trata de personas.

El epílogo a continuación abordará las principales alternativas institucionales para el mejoramiento de las políticas antilavado y la factibilidad de implementar prácticas internacionales para frenar y (con esperanza) disminuir los flujos de dinero sucio hacia las economías legales, que hoy operan como el principal incentivo de redes criminales dedicadas a los más atroces tipos de delitos contra la humanidad.

¿Qué hacer?

Estaba por cerrar la redacción de este libro cuando se desató el escándalo de corrupción al interior de la Federación Internacional de Futbol Asociación, mejor conocida como FIFA, que ilustra en muchos sentidos lo que he abordado en las páginas anteriores.

La historia periodísticamente hablando se desató al parecer la madrugada del 27 de mayo de 2015 cuando en Zúrich, Suiza, fueron detenidos seis altos dirigentes de la institución para extraditarlos a Estados Unidos. El Departamento de Justicia de ese país los acusa de corrupción y lavado de dinero, entre otros delitos;[1] así empezó el escándalo de corrupción deportiva más grande de la historia.

La operación de detención fue quirúrgica. Los altos directivos se encontraban reunidos en Zúrich por el 65 Congreso Mundial de la FIFA, en el que se reeligió al suizo Joseph Blatter como presidente de la organización dos días después de las detenciones, a pesar de que líderes mundiales y otros dirigentes deportivos le pidieron retirarse de la contienda; él minimizó los problemas y declaró que no se lo podía hacer responsable de todo lo que ocurriera en la organización que ha presidido por muchos años. Nadie esperaba tal escándalo.

Desmenuzar las denuncias y acusaciones contra estos funcionarios pinta un cuadro amplio de cómo una organización internacional podría convertirse en una red empresarial de corrupción y de lavado de dinero sin fondo, utilizando muchos de los canales delictivos que ya he descrito. Por ejemplo, se ha denunciado —sin que se haya probado judicialmente— que Jeffrey Webb, ex presidente de la Confederación de Norte, Centroamérica y el Caribe de Futbol Asociación (Concacaf) y vicepresidente de la FIFA, otorgó los derechos mundiales de transmisión de la Copa América de 2015, 2019 y 2023, así como de la Copa Centenario (2016), a una empresa denominada Datisa a cambio de 150 millones de dólares en sobornos que llegaron no sólo a sus manos sino también a otros oficiales de la Concacaf y de la Confederación Sudamericana de Futbol (Conmebol) igualmente detenidos, como Eugenio Figueredo (otro vicepresidente de la FIFA y presidente de la Conmebol en 2013 y 2014), Rafael Esquivel (presidente de la Federación Venezolana de Futbol), José María Marín (Confederación Brasileña de Futbol) y Nicolás Leoz (ex presidente de Conmebol), entre otros.[2] Este último no fue detenido en Suiza, pero hasta mayo de 2015 se encontraba en prisión domiciliaria en su país, Paraguay, debido a su avanzada edad.[3]

Los denunciados sobornos representan más de la tercera parte de lo que costaría el contrato a obtener (317.5 millones de dólares). A Datisa se le ha denunciado de ser una empresa pantalla creada por el jefe ejecutivo de otra organización, denominada Torneos y Competencias, la mayor productora y comercializadora de eventos deportivos de América Latina, y los empresarios al frente de Full Time, otra importante empresa, con el fin de quedarse con los derechos de transmisión. Algunos intermediarios también participaron en estas transacciones fraudulentas. Hasta el día de la detención, sólo 40 de los 150 millones en sobornos habían sido pagados, todo esto de acuerdo con el Departamento de Justicia estadounidense.[4]

Según la acusación penal de ese país, los funcionarios de FIFA y organizaciones vinculadas habrían utilizado para mover sus activos ilícitos las mismas técnicas de lavado que usan narcotraficantes y terroristas: es decir, se les acusaría de abrir cuentas bancarias en paraísos fiscales (dos de los detenidos residen en las Islas Caimán), de realizar contrabando de dinero en efectivo en bolsas, de utilizar regularmente cajas de seguridad para esconder activos ilícitos y de valerse de intermediarios y comerciantes de divisas para encubrir los pagos ilegales que les hacían a cambio de sus favores.

El Departamento de Justicia estadounidense acusa de estos delitos patrimoniales a 14 personas: siete ejecutivos de la FIFA, dos ex miembros del organismo y cinco empresarios.[5] Tras la detención, el gobierno de Estados Unidos congeló las cuentas de los involucrados. En total existen 47 cargos por enriquecimiento ilícito durante 24 años, y algunos de los acusados podrían enfrentar condenas de hasta 20 años de prisión.[6]

Las acusaciones judiciales abarcan a una red de corrupción que involucraría a empresas ubicadas en territorio estadounidense. Traffic Group, una empresa de mercadotecnia deportiva global con sede en Miami, fue acusada de pagar sobornos para lograr los derechos comerciales de varios torneos, como la Copa Oro y la *Concachampions*; su fundador, el brasileño José Hawilla, se habría declarado culpable de corrupción en 2014.[7]

Tras su reelección como presidente de la FIFA, Blatter desdeñó las acusaciones; dijo que trabajaría por recuperar su reputación y que el comité disciplinario, el de ética y el de auditorías de la organización trabajarían para evitar crisis futuras. Aseguró que los estadounidenses y los ingleses estaban inconformes porque no lograron quedarse con los Mundiales de futbol de 2002 y 2018, respectivamente, y que Estados Unidos era aliado del único contrincante que tuvo en el congreso de elección, el príncipe

Alí, de Jordania,[8] tratando así de parar todas las críticas a su reelección, que ya eran mundiales.

Pero conforme pasaban los días era evidente que el escándalo de corrupción abarcaba más que América. En su acusación, el Departamento de Justicia estadounidense asegura que en 2008 se transfirieron 10 millones de dólares de cuentas bancarias en Suiza a una organización caribeña de futbol con el fin de asegurar votos a favor de Sudáfrica en la competencia por ser la sede del Mundial en 2010. Según la investigación, quienes compraron los votos fueron micmbros del gobierno sudafricano, y quienes los vendieron fueron Jack Warner, vicepresidente de la FIFA y entonces presidente de la Concacaf, y Chuck Blazer, miembro del comité ejecutivo de la FIFA.[9]

En estas páginas he descrito lo complicado que es armar un caso de lavado de dinero a nivel internacional. ¿Cómo pudo integrar el Departamento de Justicia un caso que aparenta ser tan sólido en contra de altos oficiales de la FIFA? Además de la importancia de la cooperación internacional, hubo alguien que desde adentro de la organización se dedicó a recoger testimonios de la corrupción rampante a fin de evitar la cárcel, y ese personaje es precisamente el señor Chuck Blazer: su historia, y el escándalo de corrupción en general, son dignos de un buen guion para una película. Blazer, quien tiene el apodo de *Santa Claus* por su grisácea barba y su aspecto afable, nació en Nueva York, y tras invertir en un equipo de futbol local se convirtió en el presidente de la federación de ese país; luego llegó a la FIFA. Se denuncia que él depositaba el dinero de sus ilícitas ganancias como funcionario de esa organización en dos paraísos fiscales: Bahamas y las Islas Caimán. Cuando las autoridades estadounidenses descubrieron que guardaba ahí 22 millones de dólares cuyo origen no tenía explicación legal aparente, comenzaron a rastrear sus gastos, encontrando que había dispensado aproximadamente 29 millones en dos décadas, entre 1991 y 2011. Se acercaron a él y lo entrevistaron con la agresividad pasiva propia de cualquier fiscal digno de serlo: asustado y físicamente enfermo de gravedad, decidió convertirse en "colaborador" del FBI para evitar la prisión. Su encomienda fue capturar testimonios en un llavero–micrófono en forma de balón que le proporcionaron los agentes del FBI para no despertar sospechas.[10] Faltan muchos años para dimensionar la importancia de su labor en este escándalo global, que ya algunos llaman el *fifagate*.

En esta primera etapa del escándalo, analistas y medios de comunicación en general buscaron por días en la investigación estadounidense algún hilo que pudiese impactar directa o indirectamente a Blatter por los sobornos, y lo encontraron. El 2 de junio de 2015 el *New York Times* publicó que varios oficiales judiciales involucrados con la investigación declararon bajo anonimato que el personaje sí estaba siendo investigado por corrupción, y que esperan que los detenidos colaboren.[11] Ese mismo día, seis después de la detención de los oficiales en Zúrich, en esa misma ciudad ocurrió lo que parecía imposible: tras 17 años de mandato y cinco reelecciones, Joseph Blatter, de 79 años, renunció a la presidencia de la FIFA, el monopolio de poder deportivo más grande del planeta. Dijo que apreciaba a la FIFA más que nada en el mundo, que el organismo necesitaba una reestructuración profunda y que sólo sería presidente hasta que el organismo eligiera a uno nuevo.[12]

Aquí vemos de nueva cuenta lo fundamental que resulta la existencia de una fuente testimonial protegida y legítima que provenga de la misma red de corrupción que se investiga, que tenga acceso a las cuentas, las personas clave y la información privilegiada para desentrañar qué ocurre con una red internacional de lavado de dinero. Lo mismo pasó en el ya mencionado caso de imputaciones contra HSBC basadas en información provista a las autoridades francesas gracias a la labor de un informático, Hervé Falciani, quien trabajó como analista de HSBC durante una década en la filial del banco en Suiza, país del que tuvo que huir después de que se le imputó violar la ley de secreto bancario. La información que recopiló fue entregada a las autoridades francesas en 2009, aunque los detalles se conocieron varios años después.

Las bases de datos recopiladas por Falciani tenían información de más de 132 mil personas físicas y jurídicas, entre ellas más de 30 mil clientes "prominentes" que juntos acumulaban una fortuna de más de 120 mil millones de dólares de dudoso origen,[13] de los cuales se ha mencionado a Emilio Botín y su familia, fundadores del Banco Santander de España, así como el piloto de carreras Fernando Alonso;[14] los reyes de Marruecos y Jordania, Mohamed VI y Abdalá II, respectivamente, y hasta familiares de dictadores. Se ha denunciado que HSBC proveía de cuentas bancarias lo mismo a personas honestas que a delincuentes internacionales, empresarios corruptos o bajo sospecha de evadir impuestos sin suficiente consideración de las recomendaciones del GAFI explicadas en el capítulo 4 de esta obra.

Las bases de datos de Falciani fueron la materia prima que utilizó la entonces ministra de Economía y Finanzas de Francia, Christine Lagarde —quien después se convirtió en directora ejecutiva del Fondo Monetario Internacional—, para realizar en 2010 las llamadas "listas Lagarde" de evasores tributarios que generaron decenas de detenciones en Grecia, España, Estados Unidos, Bélgica y Argentina,[15] aunque en Gran Bretaña avanzó sólo una detención.[16] Hay que tener en cuenta que el director de la filial de HSBC en Reino Unido, Stephen Green, es alguien tan acomodado en la élite política británica que se convirtió después en ministro de Comercio Exterior de Inglaterra.[17]

Como producto de este caso la filial de HSBC en Suiza vio reducido el número de sus cuentas bancarias, de 30 412 en 2007 a 10 343 a finales de 2014, y los montos depositados se redujeron de 78 mil millones de dólares en 2008 a 43 mil millones en 2014.[18] Esta disminución sintetiza el efecto de haber transparentado un foco bancario de posibles delitos financieros. El caso Falciani revela una vez más cómo los sistemas nacionales de prevención y de castigos patrimoniales están muy por debajo de las tecnologías de evasión usadas por los delincuentes organizados.

El *fifagate*, el caso Falciani, el caso Monex en México y el de Petrobras en Brasil, entre tantos otros, representan variaciones del mismo mecanismo que se ha observado durante décadas en otros escándalos financieros: sistemas de lavado de dinero y fraudes fiscales al servicio de los poderosos y de la compra de votos, ya sea para obtener privilegios individuales, para elegir a un presidente, para conseguir contratos o para adquirir derechos de transmisión de un evento global. Y como el *fifagate* deja ver claramente, las técnicas ilícitas de movimiento de capitales son similares sin importar de dónde venga el dinero: las arcas de los gobiernos, el narcotráfico, el tráfico de personas o las empresas privadas. Es por ello que tiene que expandirse enormemente la tipología de delitos a los cuales se les impulsan causas por crimen organizado y lavado de dinero.

El objetivo en cualquier marco legal debe ser la inclusión de la corrupción política y empresarial que conlleva fraudes tributarios, enriquecimiento ilícito, malversación de fondos públicos, tráficos de influencias y conflictos de interés, además de los tradicionales sobornos.

Sobra decir que los efectos de estas redes criminales son devastadores para la estabilidad política, la legitimidad y el desarrollo de las frágiles democracias modernas.

El alcance pernicioso de crecientes flujos de dinero sucio conducidos hacia la actividad política no sólo bloquea la voluntad ciudadana mediante la compra masiva de votos: a escala nacional impone candidatos que muchas veces son miembros de organizaciones criminales, los que cuando lleguen al poder intentarán imponer políticas públicas que favorezcan a los intereses de élites que en el mejor de los casos les financiaron la campaña, o a los intereses delincuenciales organizados que capturan Estados en el peor escenario. A escala internacional este *modus vivendi* corrupto, cuando alcanza eventos impulsores de la economía —tales como los Mundiales de futbol—, hace que queden en manos de los países con mayor corrupción, que pueden pagar ilegalmente por adelantado por ellos. Así, parece que el planeta estuviera al servicio de intereses privados criminales y corruptos, lo que sólo incrementa la desigualdad, la injusticia y la pobreza.

A lo largo del libro he analizado cómo el dinero ilícito halla sus principales fuentes en el narcotráfico, la corrupción política, los fraudes fiscales, el contrabando/piratería, la trata de personas, las extorsiones/fraudes cibernéticos y otros delitos que deberían ser detectados por medio de la supervisión de las operaciones financieras y la coordinación de entidades de regulación financiera y no financiera. En este punto la labor de las unidades de investigación patrimonial es fundamental para desmantelar ágilmente redes criminales de políticos corruptos y delincuentes organizados que trafican con diversos bienes y servicios; esto se puede lograr al procesar casos de extinción de dominio y derivar auditorías tributarias a las divisiones encargadas de impulsar causas penales por fraudes fiscales. Estos dos canales no requieren en su inicio de la materia penal y por lo tanto permiten avanzar en el desmantelamiento de activos patrimoniales escondidos con mucho más bajas cargas de prueba para los Estados y no requieren que existan delitos precedentes, pero para ello se necesita que los ministerios de Hacienda (Economía), por medio de sus órganos de recaudación tributaria, se coordinen con agencias de inteligencia, ministerios de justicia y sistemas judiciales, con policía especializada a cargo de investigaciones patrimoniales, fiscales y jueces especializados. Esta coordinación interinstitucional nacional es inexistente en la mayoría de los países, y la coordinación internacional brilla aún más por su ausencia.

La experiencia internacional demuestra que la supervisión antilavado actual sigue fallando; sólo se castiga a delincuentes pequeños, poco sofisticados. Sin embargo, cuando se trata de bancos o empresas multinacionales que son "demasiado grandes para dejarlas colapsar" (*too big to fail*), los controles son insuficientes. Lamentablemente, para estas empresas el costo esperado de sus conductas ilícitas siempre es menor a los beneficios percibidos de cometer estos delitos.

En ese sentido se puede trazar una correlación precisa entre combatir el lavado de dinero y el fortalecimiento de la seguridad humana en un sentido integral. Según algunas estimaciones, los flujos financieros ilícitos de países en desarrollo son 10 veces más grandes que la asistencia financiera que esas naciones reciben de organismos regionales e internacionales, y esto tiene consecuencias directas.[19] Otras estimaciones señalan que la corrupción política del orbe, que equivale a 5% del PIB mundial según la ONU,[20] se puede asociar directa o indirectamente a la muerte de 140 mil niños y niñas al año.[21]

Mientras que el incentivo económico para cometer delitos no sea limitado por el abanico de controles patrimoniales antedichos, la seguridad alimentaria seguirá siendo minada por el acaparamiento y el contrabando mafioso de agua, petróleo y granos; la seguridad física será arrollada por la trata de personas, el secuestro y el tráfico de órganos; la seguridad económica de la propiedad privada seguirá siendo violada por extorsiones y por el fraude cibernético en *tsunami*; la seguridad ambiental seguirá siendo depredada por el tráfico de flora y fauna desde los países con Estados más débiles hacia aquellos con economías más avanzadas, y la seguridad social continuará su vertiginoso declive por medio de las privatizaciones masivas de fondos de pensión y servicios hospitalarios utilizando dinero de procedencia ilícita.

Desgraciadamente, aún no se observa que a la relación perniciosa entre lavado patrimonial e inseguridad humana se le haya otorgado la misma prioridad que al terrorismo o al narcotráfico. Para que se le asigne a estas áreas la debida importancia, planteo a continuación algunas propuestas de políticas públicas, enfocadas en hacer más sencilla la integración de investigaciones judiciales sobre delitos patrimoniales y el mejoramiento de la cooperación internacional en la materia.

Los delitos patrimoniales expuestos y analizados en este Epílogo y en los capítulos anteriores serán sujetos a castigos esperados mucho más certeros y, por lo tanto, serán mucho menos frecuentes si a todo Estado y sociedad del orbe le fuese requerido implementar las siguientes propuestas de políticas públicas:

1. Tipificar y perseguir todo delito con motivación económica (incluida la corrupción en todos sus tipos, entre estos el tráfico de influencias, el enriquecimiento ilícito, el fraude tributario, el conflicto de interés, etc.) como precedente del lavado de dinero. Esto permitiría también aplicar fuera del ámbito penal la figura de extinción de dominio a propiedades relacionadas con estos ilícitos.

2. Legislar e implementar sanciones penales para personas jurídicas, es decir, empresas privadas y organizaciones de todo tipo para que su disolución sea mucho más ágil y frecuente.

3. Establecer por ley la suspensión del secreto tributario cuando existan sospechas de lavado patrimonial, para que esta información pueda ser utilizada por las unidades de investigación patrimonial y de inteligencia financiera en todas las investigaciones que abarquen a cualquier tipo de redes criminales.

4. Eliminar por ley todo fuero o inmunidad para cualquier clase de funcionario público (sea político o no) en cualquier tipo de investigaciones judiciales en materia penal;

5. Ampliar y agilizar la aplicación de la ley de extinción de dominio para que a cualquier activo (propiedad privada) cuyo propietario no pueda justificar su origen lícito le sean extinguidos sus derechos de propiedad por las autoridades.

6. Promover el desarrollo de acciones nacionales e internacionales para identificar los tipos y *modus operandi* cambiantes de lavado patrimonial a partir de patrones de riesgo trasnacionales. Estas acciones deben estar sustentadas en la cooperación internacional y tener metas medibles, precisas y claras.

7. Promover la armonización internacional de bases de datos con estadísticas criminales interinstitucionales, para integrar las metodologías de medición y los resultados que deriven de los casos de lavado patrimonial.

8. Diseñar matrices de seguimiento y análisis de causas de corrupción y lavado de dinero en cooperación internacional con las autoridades judiciales y las unidades regionales de inteligencia financiera, con el fin de identificar comportamientos delictivos, actores vulnerables y metodologías de lavado patrimonial: estas matrices de información serían la materia prima de bases de datos trasnacionales hoy inexistentes. Las

bases especializadas que posean organizaciones privadas también deberán estar incorporadas a este sistema.

9. Fomentar y armonizar los procedimientos y demás legislaciones penales de cada país para el establecimiento de *fiscalías regionales supranacionales especializadas en criminalidad económica* que impulsen causas ligadas a delitos trasnacionales que se entrelazan, como el lavado patrimonial y los fraudes tributarios, con acciones de extinción de dominio. Este tipo de fiscalías podrían funcionar en el marco de órganos políticos supranacionales como el Parlamento Centroamericano, el Parlamento Europeo, etcétera.

10. Crear y capacitar a juzgados y fiscalías supranacionales independientes y autónomas con especialidad en criminalidad económica y bajo controles parlamentarios supranacionales para el procesamiento de los delitos vinculados a la criminalidad económico–financiera, incluidas causas de lavado patrimonial, casos de extinción de dominio y recuperación internacional de activos derivados de la corrupción privada y pública.

11. Generar órganos policiales regionales supranacionales altamente especializados en criminalidad económica con la participación de equipos especializados de las policías nacionales que roten en sus funciones supranacionales basándose en el desempeño y que tengan la capacidad de realizar investigaciones patrimoniales trasnacionales financieras y no financieras.

12. Establecer un vínculo entre cada unidad nacional antimafia con las policías, fiscalías y tribunales especializados supranacionales mencionados en los puntos anteriores, para garantizar mayor coordinación nacional–supranacional.

13. Requerir mediante una legislación nacional y convenciones internacionales que las investigaciones financieras, patrimo-

niales no financieras y penales sean tres tipos de indagatorias obligatorias, paralelas y simultáneas a cargo de tres órganos judiciales y administrativos diferentes, coordinados por una fiscalía nacional especializada en causas ligadas a cualquier tipo de corrupción, delincuencia organizada, asociaciones delictuosas, extinciones de dominio y lavado de dinero.

14. Instaurar la obligatoriedad de implementar estos tres tipos de investigaciones simultáneas e interactivas de manera coordinada (la investigación penal a cargo de policías judiciales, la investigación financiera a cargo de una unidad de investigación financiera nacional y la investigación patrimonial a cargo de un equipo multidisciplinario compuesto por aduanas, agencias tributarias, policías nacionales y fiscalías especializadas), dirigidas jurídicamente por una fiscalía especializada en criminalidad económica para toda causa penal o civil que involucre a delincuencia organizada, asociaciones delictivas, lavado de dinero como delito autónomo, extinción de dominio, fraudes tributarios y cualquier tipo de corrupción (incluidos conflictos de interés, tráficos de influencias, enriquecimiento ilícito y malversación de fondos).

15. Los fiscales e investigadores deben ser obligados a tipificar los delitos determinantes del lavado en toda causa penal ligada a corrupción o a asociaciones delictivas, identificando así en todos los casos los productos, instrumentos, *modus operandi*, autores materiales e intelectuales del proceso de lavado.

16. Aprobar una ley que instale un mecanismo de reasignación social de bienes decomisados y extinguidos en su dominio para víctimas de la delincuencia organizada y asociaciones civiles con antecedentes prácticos de proveer servicios tangibles a víctimas; esta reasignación social de bienes estaría sujeta sólo a fines sociales para la provisión de servicios a víctimas y

a los familiares de víctimas de redes criminales. Este mecanismo de reasignación social de bienes decomisados y que fueron extinguidos en su dominio, fusionaría dos políticas públicas en una: por un lado, aceleraría las acciones antilavado y el desmantelamiento patrimonial de la infraestructura de redes criminales, disminuyendo así su capacidad operativa delictiva. Por otro, fortalecería la prevención social al reasignar casas, fábricas y demás bienes reales que antes servían al crimen para que ahora sean fuentes laborales y espacios de capacitación y asistencia técnica para víctimas y jóvenes en alto riesgo de ser capturados por grupos criminales. Al mismo tiempo, las reasignaciones sociales podrían servir para reparar los daños sufridos por víctimas, sus familiares y la sociedad en general.[22]

17. Generar una base de datos internacional con toda la información de autores de delitos económicos, para que sea mucho más fácil asociar a los involucrados con diversas causas penales en curso y en distintos países; es decir, encontrar y definir a los actores de las redes criminales. Este objetivo será imposible de realizar sin la existencia de policías supranacionales y agentes de inteligencia especializados supranacionales abocados a la investigación de delitos económicos en cada país, dirigidos jurídicamente por fiscalías supranacionales, con la capacidad para conseguir información valiosa de cada acusado y de sus propiedades, activos, sus movimientos y sus socios. Esta base de datos supranacional, con acceso abierto a Estados y a organizaciones auditoras de la sociedad civil sujetas a convenios de confidencialidad, deberá estar alimentada por instituciones nacionales de cada país en tiempo real para poder identificar, investigar, acusar y procesar a personas físicas y jurídicas por delitos determinantes del lavado de dinero. La información deberá provenir de aduanas, autorida-

des tributarias, policías especializadas en materia económica criminal, unidades de investigación patrimonial y financiera, órganos de regulación bancaria y financiera y registros de la propiedad, entre otras instituciones. Esta propuesta implicaría armonizar interinstitucional y supranacionalmente las bases estadísticas delictivas vinculadas al lavado de dinero y al financiamiento del terrorismo, lo cual significaría abarcar las estadísticas de los poderes judiciales.

18. Implementar la capacitación conjunta interinstitucional constante para los encargados de perseguir delitos económicos, que incluya a equipos de investigación interinstitucionales compuestos por personal aduanero, agentes de inspección tributaria, personal de registros de la propiedad, reguladores financieros y comerciales, policías, auditores, fiscalías y juzgados especializados en delitos patrimoniales. La capacitación deberá estar enfocada en aspectos operativos y de coordinación entre instituciones, así como en el uso de las bases de datos mencionadas en el punto anterior.

19. Establecer en convenciones internacionales el requisito legal de adoptar las figuras jurídicas explicadas en esta obra, tales como la extinción de dominio en materia civil que no exija una sentencia previa en materia penal e implementar el requisito legal del control proactivo de las declaraciones patrimoniales, impositivas y auditorías forenses aleatorias para todo funcionario público, especialmente los encargados de regular procesos electorales, monitorear licitaciones públicas y toda función de alto nivel en cualquier poder del Estado sin excepciones.

20. Establecer, mediante la modificación de leyes de participación ciudadana en cada país, unidades certificadas para realizar control y auditorías sociales (forenses) de presupuestos

y de los patrimonios personales, familiares y comerciales de los políticos que aspiren a algún cargo público, así como del financiamiento de sus campañas, tanto público como privado; estas unidades deberán ser lideradas por contralores sociales capacitados por organismos internacionales tales como el Banco Mundial. Para que sean autónomos, los contralores nunca podrán ser nombrados ni acreditados por los gobiernos ni por ningún otro poder fáctico, público o privado, pertenecientes a los países cuyas instituciones son auditadas. Estas auditorías sociales deberán realizarlas redes de asociaciones civiles (compuestas por un mínimo de cinco organizaciones no gubernamentales) y también generarán datos que serán incluidos en las bases de datos supranacionales señaladas anteriormente. Estas auditorías sociales complementarían la labor de las contralorías de Estado.

¿Son estas 20 propuestas de políticas públicas sólo un sueño carente de factibilidad? Estas medidas quizás a primera vista aparenten ser únicamente *ciencia ficción* en un mundo como el nuestro, con alta impunidad y corrupción política sistémica. Sin embargo, algunos países con pocos recursos han logrado implementar los controles arriba señalados, disminuyendo así los incentivos para perpetrar delitos económicos organizados.

Los *maxiprocesos* penales contra los miembros de las élites políticas y empresariales ligados a delitos organizados siempre llegan, con o sin sangre. Esta obra propone canales pacíficos de reformas institucionales antes de que sea demasiado tarde y la corrupción pública y privada conduzca a la violencia descontrolada hoy observada en países tan diversos como México, Nigeria o Pakistán.

Por supuesto, aún hace falta pensar en la viabilidad política de estas recomendaciones, pero muchas veces la realidad de vio-

lencia extrema que genera la corrupción política desorganizada
y feudalizada se lleva por delante las vidas de los políticos más
encumbrados y las de sus familias. Durante estas situaciones ex-
tremas, las élites que alimentaron la corrupción de mafias por
décadas no ven otra salida que implementar total o parcialmente
las 20 acciones de política pública enumeradas en esta sección.

Esta obra se ha concentrado en presentar un menú de opcio-
nes de políticas públicas esenciales para salir de la pesadilla de
inseguridad humana que viven hoy diversas regiones del planeta,
y para que así se ejerzan con plenitud los derechos humanos y se
propicie una seguridad humana integral.

Difícil saber si algún día terminará el proceso de transición
hacia democracias plenas por el que atraviesan muchos países.
Como ya lo expresé antes, muchas de las naciones que se han
encontrado en circunstancias similares de inestabilidad social
y violencia extrema han sufrido cortocircuitos en su transición
política causados por altos niveles de corrupción y delincuencia
organizada que impiden el desarrollo de instituciones democráticas. También es verdad que muchos de esos países, como Rusia
y algunos de los que se encontraban bajo el dominio soviético
hasta 1991, no han logrado concluir sus procesos de democratización y han sufrido una involución hacia regímenes autocráti-
cos. Se deben tomar todas las medidas necesarias para que esto
no se repita en otros países de África, Asia y América Latina.

Un verdadero proceso de democratización no se distorsiona-
rá en transición fallida si se establecen instituciones de controles
preventivos y punitivos de la corrupción política, la delincuencia
organizada y, por lo tanto, del lavado de dinero. Las acciones
sugeridas en este epílogo deben considerarse como diques de
control institucional para frenar males mayores. Estos controles
deben delinearse, aprobarse e implementarse para rescatar a los

Estados de la debacle en que están envueltos, convirtiéndose en entes cada vez más débiles.

Mi experiencia en la capacitación de personal de distintas unidades de inteligencia financiera en diversos países apunta a que las redes criminales siempre buscarán incrementar las transacciones que realizan por medio de canales ilegales, empezando por la dimensión más inferior de su estructura, aquellas que realizan las transacciones *minoristas* de bienes y servicios diversos como el contrabando de mercancías, la piratería, o el tráfico de migrantes, armas y drogas. Por ello, la prevención del lavado de dinero tiene que empezar en las calles de las poblaciones en las que operan los grupos criminales, y su investigación debe abarcar hasta al más alto directivo de la organización delictiva. Si algún día queremos ver el descenso de los delitos económicos, así de omnipresente debe ser la prevención.

Yo sé que esto aún parece imposible en un mundo donde los gobiernos se enfocan sólo en reprimir extrajudicialmente a personas físicas vinculadas con un pequeño rango de tipos de delitos (el tráfico de drogas ilícitas) y que actúan en niveles operativos muy bajos en el organigrama criminal, es decir, sin tocar a la infraestructura económica, la verdadera fortaleza de las redes criminales. Estos patrimonios ilícitos intocables hoy continúan financiando la corrupción política y numerosos crímenes violentos.

Las élites político–empresariales de países en transición política tales como México, Turquía o Túnez, por mencionar algunos ejemplos, rara vez están dispuestas a sujetarse a controles judiciales y patrimoniales. Sin embargo, para que una transición se convierta en una democracia real, con instituciones estables y respetuosas de la ley, deben sujetarse a estos controles, sí o sí.

Condiciones similares de inseguridad a las que viven hoy países como Argentina, Guatemala, México, Nigeria o Pakistán

166

también se dieron antes en naciones tan diversas como Colombia, Indonesia e Italia, donde finalmente sus élites político–empresariales terminaron por implementar los 20 controles patrimoniales antes enumerados para acabar con la situación de inseguridad extrema que ya masacraba a esas mismas élites en particular y a la población en general. Estas élites, por lo tanto, no vieron otra salida que limpiarse a sí mismas (aunque parcialmente) y a la cloaca institucional que les rodeaba.

Los vacíos de Estado brindan la oportunidad de aplicar programas de cooperación internacional mucho más progresistas, menos sesgados y mucho más amplios para combatir y prevenir delitos bastante más allá del narcotráfico. La mayoría de las drogas psicoactivas hoy ilícitas serán legalizadas tarde o temprano y deben ser reguladas por Estados que prevengan las adicciones como un desafío de salud pública. Pero aun cuando se legalice y regule toda droga, el lavado de dinero continuará creciendo a través de las otras 22 vertientes delictivas organizadas que van mucho más allá de ellas, tal como se demostró con datos duros en el capítulo 1.

Como ya expliqué en esta obra, mientras las estructuras económicas de las redes económico–criminales se mantengan intactas nada va a cambiar. Hoy los gobiernos miden el éxito o fracaso de combatir a grupos criminales sólo observando si aumentan o disminuyen los homicidios dolosos y algunos pocos delitos que afectan a las élites, como el secuestro y la extorsión. En realidad, un país podría tener una tasa cero de homicidios mafiosos y al mismo tiempo estar invadido por redes criminales fuertemente consolidadas que operen sin ningún contratiempo ni desafío del Estado. Por otro lado, la experiencia internacional dicta que los niveles de los delitos violentos, como los homicidios, también se reducen cuando los países mejoran sus controles patrimonio–

judiciales, y hasta existe más dinero en las arcas públicas para combatir la violencia, pues se recaudan más impuestos sin fraudes tributarios. Toda la sociedad gana cuando se implementan controles patrimoniales serios.

El único indicador de resultados que cuenta para demostrar que se controla patrimonialmente a grupos criminales es la reducción sistemática en la frecuencia de los delitos económicos descritos en esta obra. Los países que logran lo anterior poseen mejores controles judiciales, altamente punitivos, pero que establecen programas de protección de todo testigo de corrupción política y delincuencia organizada, y que también brindan beneficios a aquellos miembros de las redes criminales que quieran colaborar con los fiscales. Además, son naciones que realizan frecuentes decomisos en materia penal, extinciones de dominio y auditorías tributarias dirigidas a actores políticos: desmantelan y decomisan sus fábricas, sus flotillas de transporte y sus propiedades ilegales. Son países cuya legislación previene y castiga el tráfico de influencias y los conflictos de interés entre políticos y empresas, así como la malversación de fondos en cualquier nivel, y que permite la realización constante de auditorías sociales.

El compromiso con una política de seguridad humana integral y trasnacional va más allá de la cooperación representada por alguna foto de mandatarios en una cumbre mundial. Si no hay controles patrimoniales eficientes y efectivos, poco a poco veremos cómo las economías nacionales se convierten sólo en administradoras del dinero ilícito generado por medio de crímenes contra la humanidad. La patética situación que hoy viven países como Afganistán, México o Nigeria, créanme, no deberá ser el sendero de la globalización moderna. Por el bien de la humanidad, las propuestas de acción colectiva contenidas en esta obra apuntan a seguir el sendero contrario... el sendero de la seguridad humana.

Notas

INTRODUCCIÓN

[1] Véase: Lydia Cacho (2005), *Los demonios del Edén*, México, Grijalbo.

[2] Convención de las Naciones Unidas contra la Delincuencia Organizada Transnacional, en http://www.unodc.org/documents/treaties/UN-TOC/Publications/TOC%20Convention/TOCebook-s.pdf.

[3] El artículo 2, en su sección de "Definiciones", estipula: "Para los fines de la presente Convención:

a) Por 'grupo delictivo organizado' se entenderá un grupo estructurado de tres o más personas que exista durante cierto tiempo y que actúe concertadamente con el propósito de cometer uno o más delitos graves o delitos tipificados con arreglo a la presente Convención con miras a obtener, directa o indirectamente, un beneficio económico u otro beneficio de orden material;

b) Por 'delito grave' se entenderá la conducta que constituya un delito punible con una privación de libertad máxima de al menos cuatro años o con una pena más grave;

c) Por 'grupo estructurado' se entenderá un grupo no formado fortuitamente para la comisión inmediata de un delito y en el que no necesariamente se haya asignado a sus miembros funciones formalmente definidas ni haya continuidad en la condición de miembro o exista una estructura desarrollada;

d) Por 'bienes' se entenderán los activos de cualquier tipo, corporales o incorporales, muebles o inmuebles, tangibles o intangibles, y los documentos o instrumentos legales que acrediten la propiedad u otros derechos sobre dichos activos;

e) Por 'producto del delito' se entenderán los bienes de cualquier índole derivados u obtenidos directa o indirectamente de la comisión de un delito;

169

f) Por 'embargo preventivo' o 'incautación' se entenderá la prohibición temporal de transferir, convertir, enajenar o mover bienes, o la custodia o el control temporales de bienes por mandamiento expedido por un tribunal u otra autoridad competente;

g) Por 'decomiso' se entenderá la privación con carácter definitivo de bienes por decisión de un tribunal o de otra autoridad competente;

h) Por 'delito determinante' se entenderá todo delito del que se derive un producto que pueda pasar a constituir materia de un delito definido en el artículo 6 de la presente Convención;

i) Por 'entrega vigilada' se entenderá la técnica consistente en dejar que remesas ilícitas o sospechosas salgan del territorio de uno o más Estados, lo atraviesen o entren en él, con el conocimiento y bajo la supervisión de sus autoridades competentes, con el fin de investigar delitos e identificar a las personas involucradas en la comisión de estos;

j) Por 'organización regional de integración económica' se entenderá una organización constituida por Estados soberanos de una región determinada, a la que sus Estados miembros han transferido competencia en las cuestiones regidas por la presente Convención y que ha sido debidamente facultada, de conformidad con sus procedimientos internos, para firmar, ratificar, aceptar o aprobar la Convención o adherirse a ella; las referencias a los 'Estados Parte' con arreglo a la presente Convención se aplicarán a esas organizaciones dentro de los límites de su competencia."

[4] "On Social Justice Day, UN spotlights human trafficking, modern slavery", UN *News Centre*, 20 de febrero de 2015. Disponible en línea: http://www.un.org/apps/news/story.asp?NewsID=50134#.VSbV3fnF-So.

[5] El siguiente sitio provee acceso a comparativos de leyes antilavado: http://www.felaban.net/coplaft/documentos/documentos_legales/legislacion_latinoamer/legislacion_latam.pdf.

[6] Javier Martín, "El Tribunal Supremo portugués mantiene en prisión a José Sócrates", *El País*, 16 de marzo de 2015. Disponible en línea: http://internacional.elpais.com/internacional/2015/03/16/actualidad/1426511291_132120.html.

[7] *Idem.*

[8] "Renuncia ministro del Interior de Portugal", *El Economista*, 16 de noviembre de 2014. Disponible en línea: http://eleconomista.com.mx/economia-global/2014/11/16/renuncia-ministro-interior-portugal.

[9] Sandra Rodríguez Nieto, "*El Chapo* no perdió bienes o socios por su arresto de 2014", *SinEmbargo*, 16 de julio de 2015. Disponible en línea: http://www.sinembargo.mx/16-07-2015/1415787.

[10] Los 23 tipos de delitos organizados y sus vínculos con casos de corrupción política están detallados en mi artículo "México pierde la guerra",

Esquire México, marzo de 2010. Disponible en línea: http://www.instituto-deaccionciudadana.org/docs/documentos/5.pdf.

[11] Existe una multiplicidad de reportes de organismos internacionales publicados durante los últimos 20 años, tales como los de la ONU o del Banco Mundial, que miden diversos indicadores de gobernabilidad. Véase, como muestra, el informe "Worldwide Governance Indicators", disponible en línea: http://data.worldbank.org/data-catalog/worldwide-governance-indicators.

[12] *PwC's 2014 Global Economic Crime Survey,* p. 2. Disponible en línea: http://www.pwc.com/es_MX/mx/servicios-consultoria/archivo/2014-02-gecs.pdf.

[13] *Ibidem,* p. 7.

[14] *Idem.*

[15] Ponemon Institute, patrocinado por HP Enterprise Security, *2014 Global Report on the Cost of Cyber Crime.* Disponible en línea: https://ssl.www8.hp.com/ww/en/secure/pdf/4aa5-5207enw.pdf.

[16] *Offshore Financial Centers. IMF Background Paper.* Elaborado por el Monetary and Exchange Affairs Department. Disponible en línea: https://www.imf.org/external/np/mae/oshore/2000/eng/back.htm#table1.

[17] OECD Working Group on Bribery, *Annual report 2014.* Disponible en línea: http://www.oecd.org/daf/anti-bribery/WGB-AB-AnnRep-2014-EN.pdf.

[18] Europol, *EU serious and organized crime threat assessment 2013*, p. 6. Disponible en línea: https://www.europol.europa.eu/sites/default/files/publications/socta2013.pdf.

[19] *Idem.*

[20] El organismo internacional encargado de establecer la política en contra del lavado de dinero y del que hablaremos a profundidad más adelante.

[21] Michel Camdessus, *Money laundering: The importance of international countermeasures*, Fondo Monetario Internacional, 10 de febrero de 1998. Disponible en línea: https://www.imf.org/external/np/speeches/1998/021098.htm.

[22] UNODC, *Estimating illicit financial flows resulting from drug trafficking and other transnational organized crimes*, octubre de 2011, p. 7. Disponible en línea: http://www.unodc.org/documents/data-and-analysis/Studies/Illicit_financial_flows_2011_web.pdf. (Como la mayoría de este tipo de estimaciones mediáticas, esta también carece de rigor científico.)

1. ORÍGENES DE LOS RECURSOS PROCEDENTES DE REDES CRIMINALES

[1] "Arrestan por segunda vez a monseñor del Vaticano por delitos financieros", *Excélsior*, 21 de enero de 2014. Disponible en línea: http://www.excelsior.com.mx/global/2014/01/21/939456.

² Cynthia Rodríguez, "Retrato hablado: Nunzio Scarano, del Vaticano a la cárcel", *Excélsior*, 28 de julio de 2013. Disponible en línea: http://www.excelsior.com.mx/global/2013/07/28/910947.

³ "El Papa Francisco reestructura el Banco Vaticano", *Excélsior*, 15 de enero de 2014. Disponible en línea: http://www.excelsior.com.mx/global/2014/01/15/938418.

⁴ "Arrestan por segunda vez a monseñor del Vaticano por delitos financieros", *Excélsior*, 21 de enero de 2014. Disponible en línea: http://www.excelsior.com.mx/global/2014/01/21/939456.

⁵ Pablo Ordaz, "Francisco concede una segunda vida al banco del Vaticano", *El País*, 7 de abril de 2014. Disponible en línea: http://sociedad.elpais.com/sociedad/2014/04/07/actualidad/1396900658_278582.html.

⁶ "Don Nunzio Scarano, nuova pericia psichiatrica per 'visioni mistiche'", *Blitz*, 14 de abril de 2015. Disponible en línea: http://www.blitzquotidiano.it/cronaca-italia/don-nunzio-scarano-nuova-perizia-psichiatrica-per-visioni-mistiche-2157780/.

⁷ Pablo Ordaz, "El dinero sucio salpica al Vaticano", *El País*, 9 de junio de 2012. Disponible en línea: http://internacional.elpais.com/internacional/2012/06/09/actualidad/1339266336_555030.html.

⁸ *Idem*.

⁹ Interpol, *Money laundering*. Disponible en línea: http://www.interpol.int/Crime-areas/Financial-crime/Money-laundering.

¹⁰ Chris Matthews, "Fortune 5: The biggest organized crime groups in the world", *Fortune*, 14 de septiembre de 2014. Disponible en línea: http://fortune.com/2014/09/14/biggest-organized-crime-groups-in-the-world/.

¹¹ *Idem*.

¹² "Raids in U.S., Italy target new Mafia drug trafficking route linking New York's Gambino family to 'Ndrangheta crime syndicate", *CBS News*, 11 de febrero de 2014. Disponible en línea: http://www.cbsnews.com/news/raids-in-us-italy-target-new-mafia-drug-trafficking-route-linking-new-yorks-gambino-family-to-ndrangheta-crime-syndicate/.

¹³ Doris Gómora, "Ven expansión de cárteles mexicanos", *El Universal*, 29 de enero de 2013. Disponible en línea: http://www.eluniversal.com.mx/nacion/203565.html.

¹⁴ "Detienen a *El Chapo* Guzmán, el narcotraficante más buscado", *CNN México*, 22 de febrero de 2014. Disponible en línea: http://mexico.cnn.com/nacional/2014/02/22/el-lider-del-cartel-de-sinaloa-joaquin-el-chapo-guzman-es-detenido.

¹⁵ Matthews, *loc. cit*.

¹⁶ J. Jesús Esquivel, "Se hacen visibles Los Cuinis, el cártel más rico del mundo", *Proceso*, 11 de abril de 2015. Disponible en línea: http://www.proceso.com.mx/?p=400944.

[17] Departamento del Tesoro de Estados Unidos, "Treasury sanctions two mayor Mexican drug organizations and two of their leaders", 8 de abril de 2015. Disponible en línea: http://www.treasury.gov/press-center/press-releases/Pages/jl10020.aspx.

[18] "Suman seis militares muertos por derribo", *Reforma*, 4 de mayo de 2015.

[19] David Brunat, "Este es el cártel más rico del mundo, dueño de las drogas en Europa y nadie lo conoce", *El Confidencial*, 30 de abril de 2015. Disponible en línea: http://www.elconfidencial.com/mundo/2015-04-30/este-es-el-cartel-mas-rico-del-mundo-dueno-de-las-drogas-en-europa-y-nadie-lo-conoce_785197/.

[20] Friedrich Schneider, Research Fellow, Institute for the Study of Labor. Disponible en línea: http://www.iza.org/en/webcontent/personnel/photos/index_html?key=206.

[21] Jorge Ramos, "Crimen *lava* 29 mil mdd en México y EU; advierten que es un problema binacional", *Excélsior*, 10 de marzo de 2015. Disponible en línea: http://www.excelsior.com.mx/nacional/2015/03/10/1012418.

[22] Stratfor, *Money laundering in Mexico: The struggle to track illicit gains*, 5 de julio de 2013. Disponible en línea: https://www.stratfor.com/analysis/money-laundering-mexico-struggle-track-illicit-gains.

[23] Friedrich Schneider y Ursula Windischbauer, *Money laundering: Some facts*, Economics of Security Working Paper 25, febrero de 2010, p. 3. Disponible en línea: http://hayek.diw.de/documents/publikatioen/73/diw_01.c.354165.de/diw_econsec0025.pdf.

[24] Los datos sobre el crecimiento descontrolado de los flujos patrimoniales de origen ilícito son conocidos sólo entre expertos. Entre los trabajos que estiman el tamaño del fenómeno criminal del lavado, por ejemplo, está el de Schneider (2012), "The financial flows of transnational crime and tax fraud in OECD countries: What do we (not) know?", p. 3. Disponible en línea: http://www.econ.jku.at/members/Schneider/files/publications/2012/FinancialFlows_TaxFraud.pdf. En este mismo artículo científico, Schneider resume en la p. 27 los incrementos mundiales del lavado de dinero de la siguiente manera: "... obtener un estimado de la escala y desarrollo del monto total de los flujos provenientes de la delincuencia trasnacional a lo largo del tiempo es aún muy difícil. Schneider (2008b y 2010) demuestra que el lavado de dinero del crimen se ha incrementado de 273 mil millones de dólares (o 1.33% del PBI mundial) en 1995 a 603 mil millones de dólares (o 1.74% del PIB mundial) en 2006 en 20 países de la OCDE (Alemania, Australia, Austria, Bélgica, Canadá, Dinamarca, España, Estados Unidos, Finlandia, Francia, Gran Bretaña, Grecia, Irlanda, Italia, Japón, Noruega, Nueva Zelanda, Países Bajos, Portugal y Suiza). En 2009, con base en montos mundiales, el lavado de dinero estimado para todos los tipos criminales es de 1.4 billones

de dólares (o 2.5% del PIB mundial). Estas cifras son muy preliminares y poseen un amplio margen de error, pero proporcionan a la vez una clara estimación de la importancia del lavado de dinero y de las ganancias del crimen trasnacional hoy en día". ("... *to get an estimate of the extent and development of the amount of the financial means of transnational crime over time is even more difficult. This paper collects some findings and Schneider ([2008b] and [2010]) demonstrates that money laundering from transnational crime has increased from 273 billion USD (or 1.33% of official GDP) in 1995 to 603 billion USD (or 1.74% of official GDP) in 2006 for 20 OECD countries (Australia, Austria, Belgium, Canada, Denmark, Germany, Finland, France, Greece, Great Britain, Ireland, Italy, Japan, Netherlands, New Zealand, Norway, Portugal, Switzerland, Spain and the United States). In 2009 on a worldwide basis 1.4 trillion USD (or 2.5% of world GDP) are estimated to be laundered coming from all types of crime (Source: IMF (2010)). These figures are very preliminary with a quite large margin of error, but give a clear indication how important money laundering and the turnover of transnational crime nowadays is.*")

[25] Neil Katkov, *Anti-money laundering: A brave new world for financial institutions*, Celent, 27 de septiembre de 2002. El resumen de la publicación se encuentra disponible en línea: http://www.celent.com/reports/anti-money-laundering-brave-new-world-financial-institutions.

[26] Dev Kar y Joseph Spanjers, *Illicit financial flows from developing countries: 2003-2012*, diciembre de 2014, p. vii. Disponible en línea: http://www.gfintegrity.org/wp-content/uploads/2014/12/Illicit-Financial-Flows-from-Developing-Countries-2003-2012.pdf.

[27] *Ibidem*, p. 8.

[28] Financial Action Task Force, *How is money laundered?* Disponible en línea: http://www.fatf-gafi.org/pages/faq/moneylaundering/.

[29] *Ibidem*.

[30] John Walker y Brigitte Unger, "Measuring global money laundering: The Walker Gravity Model", *Review of Law & Economics*, Berkeley Electronic Press, vol. 5, núm. 2, 2009, p. 821. Disponible en línea: http://www2.econ.uu.nl/users/unger/publications/RLE2.pdf.

[31] Fondo Monetario Internacional, *Financial system abuse, financial crime and money laundering-Background paper*, 12 de febrero de 2001. Disponible en línea: http://www.imf.org/external/np/ml/2001/eng/021201.pdf, y Michael Pickhardt y Aloys Prinz (2012), *Tax evasion and the shadow economy*, Edward Elgar Publishing, pp. 208.

[32] Jeremy Haken, *Transnational crime in the developing world*, Global Financial Integrity, febrero de 2011. Disponible en línea: http://www.gfintegrity.org/storage/gfip/documents/reports/transcrime/gfi_transnational_crime_web.pdf.

[33] Walker y Unger, *op. cit.*, p. 821.

[34] *Idem.*

[35] *Ibidem*, pp. 823–826.

[36] "Nigerian military ruler assumes absolute power", *The New York Times*, 7 de septiembre de 1994. Disponible en línea: http://www.nytimes.com/1994/09/07/world/nigerian-military-ruler-assumes-absolute-power.html.

[37] "'Abacha loot': Nigeria to get $227m from Liechtenstein", *BBC World*, 19 de junio de 2014. Disponible en línea: http://www.bbc.com/news/world-africa-27926100.

[38] "Swiss assisting Nigeria recover $370m Abacha loot-Ambassador", *The Sun*, 27 de abril de 2015. Disponible en línea: http://sunnewsonline.com/new/?p=116658.

[39] Permanent Subcommittee on Investigations, Senado de Estados Unidos, *U.S. vulnerabilities to money laundering, drugs, and terrorist financing: HSBC case history*, 17 de julio de 2012. Disponible en línea: http://www.hsgac.senate.gov/subcommittees/investigations/hearings/us-vulnerabilities-to-money-laundering-drugs-and-terrorist-financing-hsbc-case-history.

[40] *Ibidem*, p. 3.

[41] Víctor Fuentes, "Acusa EU lavado masivo en HSBC Sinaloa", *Reforma*, 12 de diciembre de 2012.

[42] Brigitte Unger (2007), *The scale and impacts of money laundering*, Edward Elgar Publishing, p. 66.

[43] SOS Impresa, *XII rapporto. Le mani della criminalità sulle imprese*, 27 de enero de 2010.

[44] *Idem.*

[45] Stefano Gurciullo (2014), "Organised crime's infiltration in the legitimate private economy: An empirical network analysis approach", http://arxiv.org/pdf/1403.5071.pdf, y http://www.researchgate.net/publication/260992970_Organised_crime_infiltration_in_the_legitimate_private_economy_-_An_empirical_network_analysis_approach.

[46] Rukmini Callimachi, "Paying ransoms, Europe bankrolls Qaeda terror", *The New York Times*, 29 de julio de 2014. Disponible en línea: http://www.nytimes.com/2014/07/30/world/africa/ransoming-citizens-europe-becomes-al-qaedas-patron.html?_r=0.

[47] Kar y Spanjers, *op. cit.*, p. 13.

[48] Jesús Badillo, "En diez años incrementó 245% el secuestro en México", *Milenio*, 1 de enero de 2014. Disponible en línea: http://www.milenio.com/policia/aumenta-secuestro-plagio-privacion-libertad-mexico-crece-Pena-Fox-Calderon_0_217778554.html.

[49] "México es primer lugar en secuestros: ONC", *El Economista*, 26 de agosto de 2014. Disponible en línea: http://eleconomista.com.mx/seguridad-publica/2014/08/26/mexico-primer-lugar-secuestros-onc.

[50] Comisión Nacional de los Derechos Humanos, *Informe especial sobre secuestro de migrantes en México*, 22 de febrero de 2011. Disponible en línea: http://www.cndh.org.mx/sites/all/doc/Informes/Especiales/2011_secmigrantes.pdf.

[51] Edgardo Buscaglia, "The paradox of expected punishment: Legal and economic factors determining success and failure in the fight against organized crime", *Review of Law and Economics*, vol. 3, 2008, pp. 1–25. Disponible en línea: http://papers.ssrn.com/sol3/papers.cfm?abstract_id=1161204.

[52] "Thieves in the night: The growth in general wickedness online is testing the police", *The Economist*, diciembre de 2014. Disponible en línea: http://www.economist.com/news/britain/21636785-growth-general-wickedness-online-testing-police-thieves-night.

[53] Litska Strikwerda, "Virtual acts, real crimes? A legal–philosophical analysis of virtual cybercrime". Disponible en línea: http://doc.utwente.nl/92041/1/thesis_L_Strikwerda.pdf.

[54] La Convención sobre Cibercrimen del Consejo de Europa es el único instrumento legal internacional hasta hoy que cubre a todos estos nueve tipos de ciberdelitos patrimoniales abarcados en esta obra y la coordinación y cooperación internacional para combatirlos. Ha sido firmada por 47 países y ratificada por 31 países hasta la fecha. El texto de dicha Convención puede leerse en: http://www.europarl.europa.eu/meetdocs/2014_2019/documents/libe/dv/7_conv_budapest_/7_conv_budapest_en.pdf.

[55] *The shocking scale of cybercrime*, Norton, 2012. Disponible en línea: http://uk.norton.com/cybercrimereport/promo.

[56] Murray Brand (2011), "Forensic recovery and analysis of the artefacts of crimeware toolkits". Hay una versión disponible en línea.

[57] Ross Anderson *et al.*, *Measuring the cost of cybercrime*, Workshop on the Economics of Information Security, WEIS 2012. Disponible en línea: http://weis2012.econinfosec.org/papers/Anderson_WEIS2012.pdf.

[58] Se pueden leer algunos artículos que explican la corrupción en red en la siguiente dirección: https://www.researchgate.net/profile/Edgardo_Buscaglia/publications.

[59] Silvia Otero, "Patrulla Fronteriza apoyó a *El Chapo*", *El Universal*, 18 de junio de 2014. Disponible en línea: http://www.eluniversal.com.mx/primera-plana/2014/impreso/-8220border-patrol-escolto-armas-para-el-chapo-8221-45720.html.

[60] Ana Lilia Pérez (2012), *El cártel negro*, México, Grijalbo.

[61] Manuel Martínez (2012), *Drug cartel wars*. Hay un fragmento disponible en línea Google Books.

[62] Center for the Study of Democracy, Comisión Europea (2010), *Examining the links between organized crime and corruption*. Disponible en línea:

http://ec.europa.eu/dgs/home-affairs/doc_centre/crime/docs/study_on_ links_between_organised_crime_and_corruption_en.pdf.

[63] Margrete Auken, *Report on the impact of extensive urbanisation in Spain on individual rights of European citizens, on the environment and on the application of EU law, based upon petitions received*, Parlamento Europeo, 20 de febrero de 2009. Disponible en línea: http://www.europarl.europa.eu/sides/getDoc. do?pubRef=-//EP//NONSGML+REPORT+A6-2009-0082+0+DO-C+PDF+V0//EN.

[64] G. Aubry, "Organisations criminelles et structure répressives: panorama français", *Cahiers de la sécurité*, Institut National des Hautes Etudes de Sécurité, núm. 7, 2009.

[65] B. Legras (2000), *La criminalité organise en Corse*, reporte presentado a la ministra de Justicia, y Michael Levi, "The organization of serious crimes for gain", en M. Maguire (comp.), *The Oxford handbook of criminology*, Oxford University Press.

[66] Edgardo Buscaglia *et al.* (2005), *Undermining the foundations of organized crime and public sector corruption*, The Hoover Institution on War, Revolution and Peace.

[67] Edgardo Buscaglia y Samuel González Ruiz (2005), *Reflexiones en torno a la delincuencia organizada*, México, Instituto Nacional de Ciencias Penales.

[68] *Idem.*

[69] *Idem.*

[70] En mi libro *Vacíos de poder en México* se detalla en su último capítulo las 25 políticas públicas que constituyen a un sistema de seguridad humana integral.

[71] Edgardo Buscaglia, "Containing human trafficking through State and non–State actors", en Anja Jakobi y Klaus Dieter Wolf (comps.) (2014), *The transnational governance of violence and crime: Non-State actors in security*, Palgrave Macmillan.

2. DESTINOS Y MÉTODOS DE OCULTAMIENTO DE RECURSOS PROCEDENTES DE REDES CRIMINALES

[1] Una lista de los países que representan paraísos fiscales *offshore* es provista y actualizada por el Fondo Monetario Internacional en https://www.imf.org/ external/NP/ofca/OFCA.aspx.

[2] https://en.m.wikipedia.org/wiki/Pizza_Connection_Trial.

[3] "Once detenidos en operación contra empresas que lavaban dinero en México", http://www.pasito.com/EfeNews.aspx?newid=1132094.

⁴ David Brooks, "HSBC admite en EU que permitió operaciones ilícitas en México", *La Jornada,* 18 de julio de 2012. Disponible en línea: http://www.jornada.unam.mx/2012/07/18/politica/002n1pol.

⁵ Ian Cowie, "Tax amnesties turn HMRC into 'biggest money–laundering operation in history'", *The Telegraph,* 6 de septiembre de 2011. Disponible en línea: http://blogs.telegraph.co.uk/finance/ianmcowie/100011790/tax-amnesties-turn-hmrc-into-biggest-money-laundering-operation-in-history/.

⁶ Carlos Arguedas, "País gestó el mayor caso de lavado", *La Nación,* 22 de diciembre de 2013. Disponible en línea: http://www.nacion.com/ocio/revista-dominical/Pais-gesto-mayor-caso-lavado_0_1385861446.html.

⁷ *Idem.*

⁸ Jake Halpern, "Bank of the underworld", *The Atlantic,* mayo de 2015. Disponible en línea: http://www.theatlantic.com/magazine/archive/2015/05/bank-of-the-underworld/389555/

⁹ Promulgada el 26 de octubre de 2001 tras el ataque a las Torres Gemelas de Nueva York, tiene como objetivo ampliar la capacidad del Estado norteamericano para combatir el terrorismo.

¹⁰ Halpern, *loc. cit.*

¹¹ Jessica Silver–Greenberg, "HSBC to pay record fine to settle money–laundering charges", *The New York Times,* 11 de diciembre de 2012. Disponible en línea: http://dealbook.nytimes.com/2012/12/11/hsbc-to-pay-record-fine-to-settle-money-laundering-charges/?_r=0.

¹² Thomas Viles, "*Hawala,* hysteria and hegemony", *Journal of Money Laundering Control,* vol. 11, núm. 1, 2008, pp. 25–33. Disponible en línea: http://www.emeraldinsight.com/doi/abs/10.1108/13685200810844479.

¹³ R. Rivera, "El 'hawala', que mueve 300 millones en España, una forma de financiar el terrorismo", *lainformacion.com,* 4 de abril de 2014. Disponible en línea: http://noticias.lainformacion.com/policia-y-justicia/terrorismo/el-hawala-que-mueve-300-millones-en-espana-una-forma-de-financiar-el-terrorismo_Ejl198nENXuetUwnjoshw4/.

¹⁴ John Page y Sonia Plaza, "Migration remittances and development: A review of global evidence", *Journal of African Economies,* vol. 00, núm. 2, 2006, pp. 245–336. Disponible en línea: http://www-wds.worldbank.org/external/default/WDSContentServer/WDSP/IB/2012/06/07/000426104_20120607165421/Rendered/PDF/694530ESW0P0750migration0Conference.pdf. También Abdusalam Omer y Gina El Koury, "Regulation and supervision in a vacuum: The story of the Somali remittance sector", *Small Enterprise Development,* vol. 15, núm. 1, 2004, pp. 44–52, y S. Manzar Abbas Zaidi, "Understanding the appeal of Taliban in Pakistan", *Journal of Strategic Security,* vol. 3, núm. 3, 2010, pp. 1–14.

[15] Ramón García Gibson, "Contrabando de dinero", *Forbes*, 21 de octubre de 2013. Disponible en línea: http://www.forbes.com.mx/contrabando-de-dinero/.

[16] Asia/Pacific Group on Money Laundering, *APG typology report on trade based money laundering*, 20 de julio de 2012, p. 49. Disponible en línea: http://www.fatf-gafi.org/media/fatf/documents/reports/Trade_Based_ML_APGReport.pdf.

[17] *Ibidem*, p. 52.

[18] *Ibidem*, p. 56.

[19] Martín Montealegre, "La prevención de lavado de dinero en el sector de los seguros", *Revista Mexicana de Seguros y Fianzas*, noviembre–diciembre de 2012. Disponible en línea: http://www.pwc.com/mx/es/industrias/archivo/2013-10-prevencion-lavado-diciembre-2012.pdf.

[20] "Controlan Caballeros Templarios exportación de mineral de hierro", *La Jornada*, 3 de enero de 2014. Disponible en línea: http://www.jornada.unam.mx/2014/01/03/politica/005n1pol.

[21] Brigitte Unger *et al.*, *Detecting criminal investment in the Dutch real estate sector*, Dutch Ministry of Finance, Justice and Interior Affairs, 19 de enero de 2010, pp. 202–203, y Brigitte Unger y Joras Ferweda (2011), *Money laundering in the real estate sector, suspicious properties*, Edward Elgar Publishing, pp. 192.

[22] Peter B. E. Hill (2003), *The Japanese mafia: Yakuza, law, and the State*, Oxford, Oxford University Press, pp. 185–187.

[23] Katya Soldak, "Out of prison in California, former prime minister Lazarenko is not in a rush to go to Ukraine", *Forbes*, 2 de noviembre de 2012. Disponible en línea: http://www.forbes.com/sites/katyasoldak/2012/11/02/ukraines-prison-prone-prime-ministers/.

[24] David Servenay, "Transparency porte plainte pour saisir la Ferrari d'Omar Bongo", *Rue 89*, 15 de julio de 2008. Disponible en línea: http://rue89.nouvelobs.com/2008/07/15/transparency-porte-plainte-pour-saisir-la-ferrari-domar-bongo.

[25] "Ecuatorial Guinea leader's son Obiang faces French probe", BBC *World*, 20 de marzo de 2014. Disponible en línea: http://www.bbc.com/news/world-africa-26666871.

[26] *Idem*.

[27] Walter Kegö *et al.* (comps.) (2011), *Organized crime and the financial crisis: Recent trends in the Baltic Sea region*, Institute for Security and Development Policy, Estocolmo.

[28] Nick Pisa, "Mafia is now Italy's 'biggest bank'", *Daily Mail*, 12 de enero de 2012. Disponible en línea: http://www.dailymail.co.uk/news/article-2085209/Mafia-ItalysNo-1-bank-profits-100bn-year.html.

[29] Margaret Beare y Stephen Schneider (2007), *Money laundering in Canada: Chasing dirty and dangerous dollars*, Toronto, University of Toronto Press, p. 135.

[30] Denis Gathanju, "Laundered ransoms cause Kenyan property boom", *Baird Maritime*, 26 de febrero de 2010. Disponible en línea: http://www. bairdmaritime.com/index.php?option=com_content&view=%20article&i-d=5693:piracy-cash-lands-in-kenya-property-market-in-nairobi-skyroc-kets-&catid=113:ports-and-shipping&Itemid=208, y Charles Goredema *et al.*, "Money laundering experiences", Institute for Security Studies Mono-graphs, núm. 124, junio de 2006. Disponible en línea: http://www.isn.ethz. ch/Digital-Library/Publications/Detail/?id=118243.

[31] "Dubái podría tener una burbuja inmobiliaria", *El Economista*, 10 de febrero de 2014. Disponible en línea: http://eleconomista.com.mx/econo-mia-global/2014/02/10/dubai-podria-tener-burbuja-inmobiliaria.

[32] *Idem.*

[33] J. D. Agarwal y Aman Agarwal, *Keynote address on Money launde-ring: The real estate bubble*, Madras School of Economics, 15 de junio de 2007. Disponible en línea: http://www.mse.ac.in/seminar/20070629-ML-REB%20%28AFFI%20%20BSE%29.pdf, y David E. Kaplan y Alec Dubro (2003), *Yakuza: Japan's criminal underworld*, University of California Press, pp. 196–220.

[34] Shared Hope International, *Demand. A comparative examination of sex tourism and trafficking in Jamaica, Japan, the Netherlands and the United States*, julio de 2007, pp. 113–141. Disponible en línea: http://sharedhope.org/wp-content/uploads/2012/09/DEMAND.pdf.

[35] "Cancun mayor Gregorio Sanchez faces drug charges", BBC *World*, 1 de junio de 2010. Disponible en línea: http://www.bbc.co.uk/news/10209580.

[36] Héctor Tobar y Carlos Martínez, "Mexico meth raid yields $205 mi-llion in U.S. cash", *Los Angeles Times*, 17 de marzo de 2007. Disponible en línea: http://www.latimes.com/la-fg-meth17mar17,0,709967.story.

[37] Louise Shelley (2010), *Human trafficking: A global perspective*, Cambrid-ge, Cambridge University Press.

[38] Inder Bugarin, "Menos sexo en el barrio rojo", BBC *Mundo*, 6 de abril de 2008. Disponible en línea: http://news.bbc.co.uk/hi/spanish/misc/new-sid_7333000/7333497.stm.

[39] El texto junto a la explicación e interpretación de esta ley puede en-contrarse en http://www.sec.gov/spotlight/fcpa/fcpa-resource-guide.pdf.

[40] Kimberly Ann Elliott, "Corruption as an international policy pro-blem: Overview and recommendations" en *Corruption and the Global Eco-nomy* 175, 1997. Disponible en línea: http://www.piie.com/publications/chapters_preview/12/10ie2334.pdf.

[41] Departamento de Justicia de Estados Unidos, "Siemens AG and three subsidiaries plead guilty to Foreign Corrupt Practices Act violations and agree to pay $450 million in combined criminal fines", comunicado de prensa, 15 de diciembre de 2008. Disponible en línea: http://www.justice.gov/archive/opa/pr/2008/December/08-crm-1105.html.

[42] Leticia Gasca Serrano, "México: el país de la mordida", CNN *Expansión*, 17 de julio de 2012. Disponible en línea: http://www.cnnexpansion.com/expansion/2012/07/17/siemens-paga-el-costo-de-la-corrupcion.

[43] Departamento de Justicia de Estados Unidos, *op. cit.*

[44] *Idem.*

[45] *Idem.*

[46] Departamento de Justicia de Estados Unidos, "Transcript of press conference announcing Siemens AG and three subsidiaries plead guilty to Foreign Corrupt Practices Act violations", comunicado de prensa, 15 de diciembre de 2008. Disponible en línea: http://www.justice.gov/archive/opa/pr/2008/December/08-opa-1112.html.

[47] Siri Schubert y T. Christian Miller, "At Siemens, bribery was just a line item", *The New York Times*, 20 de diciembre de 2008. Disponible en línea: http://www.nytimes.com/2008/12/21/business/worldbusiness/21siemens.html?pagewanted=all&_r=0.

[48] Recuento de transcripciones de casos del autor en el sitio del Departamento de Justicia de Estados Unidos.

[49] Naciones Unidas, *Ninth United Nations Congress of the Prevention of Crime and the Treatment of Offenders*, 4 de abril de 1995. Disponible en línea: http://www.unodc.org/documents/congress//Previous_Congresses/9th_Congress_1995/017_ACONF.169.15.ADD.1_Interim_Report_Strengthening_the_Rule_of_Law.pdf, y Gerhard W. Mueller, "Transnational crime: Definitions and concepts", *Transnational Organized Crime*, vol. 4, otoño/invierno, 2008.

[50] Las FARC lograron penetrar el sistema de comunicación de la Embajada de Estados Unidos en Colombia, así como la red de comunicación de la Policía Nacional. Véase Peter A. Lupsha, "Transnational organized crime versus the Nation–State", *Transnational Organized Crime*, vol. 2, núm. 1, primavera, 1996.

[51] "Campaña de Cristina costó 4.7 mdd", CNN *Expansión,* 2 de febrero de 2008. Disponible en línea: http://www.cnnexpansion.com/actualidad/2008/02/02/campana-de-cristina-costo-4-7-mdd.

[52] Hernán Cappiello, "La campaña kirchnerista se financió con fondos sospechados de lavado", *La Nación*, 7 de septiembre de 2014. Disponible en línea: http://www.lanacion.com.ar/1725259-la-campana-kirchnerista-se-financio-con-fondos-sospechados-de-lavado.

[53] *Idem.*

[54] "Diputada solicita a EE.UU. investigar por lavado de dinero a Cristina Kirchner", *elsalvador.com*, 4 de marzo de 2015. Disponible en línea: http://www.elsalvador.com/mwedh/nota/nota_completa.asp?idCat=47860&idArt=9505226.

[55] Hugo Alconada Mon y Mariela Arias, "Lázaro Báez recibió del Gobierno contratos por más de $8000 millones", *La Nación*, 18 de agosto de 2015. Disponible en línea: http://www.lanacion.com.ar/1820048-lazaro-baez-recibio-del-gobierno-contratos-por-mas-de-8000-millones. / Paz Rodríguez Niell, "Piden indagar a Lázaro Báez y a su hijo por lavado de dinero", *La Nación*, 20 de junio de 2015, Disponible en línea: http://www.lanacion.com.ar/1803475-piden-indagar-a-lazaro-baez-y-a-su-hijo-por-lavado-de-dinero.

[56] Los factores que explican la expansión en Latinoamérica de la delincuencia organizada se encuentran enumerados, fundamentados y motivados, una vez más, en mi libro *Vacíos de poder en México*.

[57] Edgardo Buscaglia, "On best and not so good practices for addressing high-level corruption worldwide: An empirical assessment", en Susan Rose-Ackerman *et al.* (comps.) (2011), *The international handbook on the economics of corruption*, vol. 2, Edward Elgar Publishing, pp. 624.

[58] "Cartel de Texis", *InSightCrime*. Disponible en línea: http://es.insightcrime.org/noticias-sobre-crimen-organizado-en-el-salvador/cartel-de-texis-perfil.

[59] Un nodo principal es la persona física o moral que posee los mayores vínculos políticos, económicos, sociales y operativos de una organización criminal, ligados al tráfico de bienes y servicios legales o ilegales a través de canales y medios ilegales.

[60] UNODC (2012), *Transnational organized crime in Central America and the Caribbean: A threat assessment.* Disponible en línea: https://www.unodc.org/documents/data-and-analysis/Studies/TOC_Central_America_and_the_Caribbean_english.pdf.

[61] Héctor Silva Ávalos, "Agentes federales siguen rastro a fondos de *Chepe Diablo* del Cártel de Texis", *InSightCrime*, 22 de julio de 2014. Disponible en línea: http://es.insightcrime.org/analisis/agentes-federales-siguen-rastro-fondos-chepe-diabo-cartel-de-texis.

[62] *Idem.*

[63] CICIG (2015), *El financiamiento de la política en Guatemala*, Guatemala, 16 de julio de 2015.

[64] Iniciativa de Ley de Extinción de Dominio para Guatemala, núm. 4021, en: http://www.libera.it/flex/files/7/b/d/D.b479a0526565d0a37d1c/Ley_de_Extincion_de_Dominio___Guatemala__ESP_.pdf-

⁶⁵ "Ausbruch mit Ansage", entrevista, *Süddeutsche Zeitung*, sección "Panorama", 20 de julio de 2015.

3. TÉCNICAS DE DETECCIÓN DE REDES CRIMINALES

¹ Giovanni Falcone, *La lucha contra el crimen organizado*, México, Instituto Nacional de Ciencias Penales, Serie Conferencias Magistrales, p. 17.

² *Ibidem*, p. 16.

³ Ralph Blumenthal, "Acquitted in 'Pizza Connection' trial, man remains in prison", *The New York Times*, 28 de julio de 1988. Disponible en línea: http://www.nytimes.com/1988/07/28/nyregion/acquitted-in-pizza-connection-trial-man-remains-in-prison.html.

⁴ Nelson Yiu–mo Cheng, *The effectiveness of money laundering investigations in fighting transnational crime: A comparison of the United States and Hong Kong*, Center for Northeast Asian Policy Studies, The Brookings Institution, febrero de 2012, p. 7. Disponible en línea: http://www.brookings.edu/~/media/research/files/papers/2012/3/money-laundering-cheng/03_money_laundering_cheng.pdf.

⁵ *Ibidem*, p. 27.

⁶ Sudhir Kumar Awasthi *et al.*, "Methods for obtaining intelligence for investigation of money laundering", *Resource Material Series*, núm. 58. Disponible en línea: http://www.unafei.or.jp/english/pdf/PDF_rms/no58/58-34.pdf.

⁷ Internal Revenue Service, *Examples of money laundering investigations-Fiscal year 2013*, 14 de octubre de 2014. Disponible en línea: http://www.irs.gov/uac/Examples-of-Money-Laundering-Investigations-Fiscal-Year-2013.

⁸ Angelos Kanas, "Pure contagion effects in international banking: The case of BCCI's failure", *Journal of Applied Economics*, vol. VIII, núm. 1, mayo de 2005, pp. 101–123. Disponible en línea: http://ageconsearch.umn.edu/bitstream/37495/2/kanas.pdf.

⁹ John Kerry y Hank Brown, "BCCI's criminality", en *The BCCI affair. A report to the Committee on Foreign Relations*, Senado de Estados Unidos, diciembre de 1992. Disponible en línea: http://www.globalsecurity.org/intell/library/congress/1992_rpt/bcci/04crime.htm.

¹⁰ "1991: International bank closed in fraud scandal", BBC. Disponible en línea: http://news.bbc.co.uk/onthisday/hi/dates/stories/july/5/newsid_2495000/2495017.stm.

¹¹ Timothy L. O'Brien, "Bank settles U.S. inquiry into money laundering", *The New York Times*, 9 de noviembre de 2005. Disponible en línea: http://www.nytimes.com/2005/11/09/business/09bank.html.

¹² *Idem.*

¹³ "Suiza abre investigación contra HSBC por lavado", *El Universal*, 18 de febrero de 2015. Disponible en línea: http://www.eluniversal.com.mx/finanzas-cartera/2015/abre-suiza-investigacion-por-lavado-de-dinero-contra-hsbc-1078129.html.

¹⁴ David W. Dunlap, "Commercial property: The Bernstein brothers; a tangled tale of Americas Towers and the Crown", *The New York Times*, 13 de enero de 1991. Disponible en línea: http://www.nytimes.com/1991/01/13/realestate/commercial-property-bernstein-brothers-tangled-tale-americas-towers-crown.html.

¹⁵ Ben Protess y Jessica Silver–Greenberg, "BNP Paribas admits guilt and agrees to pay $8.9 billion fine to U.S.", *The New York Times*, 30 de junio de 2014. Disponible en línea: http://dealbook.nytimes.com/2014/06/30/bnp-paribas-pleads-guilty-in-sanctions-case/, y Federal Bureau of Investigation, *Bank guilty of violating U.S. economic sanctions*, 1 de julio de 2014. Disponible en línea: http://www.fbi.gov/news/stories/2014/july/bank-guilty-of-violating-u.s.-economic-sanctions/.

¹⁶ Disponible en línea: https://www.unodc.org/documents/treaties/UNTOC/Publications/TOC%20Convention/TOCebook-s.pdf.

¹⁷ "Trata de personas genera 32 mil mdd al crimen organizado: PGJDF", *Excélsior*, 14 de febrero de 2013. Disponible en línea: http://www.excelsior.com.mx/comunidad/2013/02/14/884328.

¹⁸ "Lavado de dinero y trata de personas, una misma moneda", *Alto Nivel*, 7 de febrero de 2014. Disponible en línea: http://www.altonivel.com.mx/40768-dinero-sin-rostro-ni-rastro.html.

¹⁹ Juan Ranchal, "La UE inaugura el Centro Europeo contra el Cibercrimen (EC3)", en *muyseguridad.net*, 12 de enero de 2013. Disponible en línea: http://muyseguridad.net/2013/01/12/apertura-centro-europeo-cibercrimen.

²⁰ Jeffrey Owens y Pascal Saint–Amans, *Countering offshore tax evasion*, OCDE, 28 de septiembre de 2009. Disponible en línea: http://www.oecd.org/ctp/harmful/42469606.pdf.

²¹ Andorra, Anguila, Antigua y Barbuda, Antillas Holandesas, Aruba, Bahamas, Barbados, Baréin, Bermuda, Belice, Chipre, Dominica, Gibraltar, Granada, Guernsey, Isla de Man, Islas Caimán, Islas Cook, Islas Marshall, Islas Turcas y Caicos, Islas Vírgenes Británicas, Islas Vírgenes de Estados Unidos, Jersey, Liberia, Liechtenstein, Luxemburgo, Maldivas, Malta, Mauricio, Mónaco, Montserrat, Nauru, Niue, Panamá, Samoa, San Marino, San Cristóbal y Nieves, San Vicente y las Granadinas, Santa Lucía, Seychelles, Tonga y Vanuatu, entre otras. Para saber más, consúltese: http://www.oecd.org/countries/monaco/jurisdictionscommittedtoimprovingtransparencyandestablishingeffectiveexchangeofinformationintaxmatters.htm.

²² Estos sistemas de control están analizados en mi libro *Vacíos de poder en México*.

²³ Este caso formó parte de una capacitación que impartimos junto a André Cuisset para unidades de investigación patrimonial de Argentina.

4. LAS BRECHAS ENTRE LA PROSA DE LA LEY
Y LA LEY EN ACCIÓN: LOS NUEVOS
FRAUDES

¹ The Financial Action Task Force, *25 years and beyond*, p. 2. Disponible en línea: http://www.fatf-gafi.org/media/fatf/documents/brochuresannualreports/FATF%2025%20years.pdf.

² *Ibidem*, p. 12.

³ Rui Tavares, *Relationship between money laundering, tax evasion and tax heavens. Thematic paper on money laundering*, Special Committee on Organised Crime, Corruption and Money Laundering (CRIM), Unión Europea, enero de 2013. Disponible en línea: http://www.europarl.europa.eu/meetdocs/2009_2014/documents/crim/dv/tavares_ml_/tavares_ml_en.pdf.

⁴ "2015 Macro economic data", en *2015 Index of economic freedom*, The Heritage Foundation. Disponible en línea: http://www.heritage.org/index/explore?view=by-variables.

⁵ OCDE (2009), *Money laundering awareness handbook for tax examiners and tax auditors*, p. 23. Disponible en línea: http://www.oecd.org/tax/exchange-of-tax-information/43841099.pdf.

⁶ Jean François Tanda, "Neue wolken über dem finanzplatz. Schweizer banker sollen schneller kriminalisiert warden", *Sonntags Zeitung*, 28 de febrero de 2010, p. 54.

⁷ Isidoro Blanco Cordero, "El delito fiscal como actividad delictiva previa del blanqueo de capitales", *Revista Electrónica de Ciencia Penal y Criminología*, 2011. Disponible en línea: http://criminet.ugr.es/recpc/13/recpc13-01.pdf.

⁸ "Banque Royale de Canadá sería acusada de fraude fiscal y blanqueo de 600 millones de un marchante próximo al UPM de Sarkozy", *ControlCapital.net*, 7 de abril de 2015. Disponible en línea: http://www.controlcapital.net/noticia/3215/FISCAL/Banque-Royale-de-Canada-seria-acusada-de-fraude-fiscal-y-blanqueo-de-600-millones-de-un-marchante-proximo-al-UPM-de-SarKozy.html.

⁹ "La PGR arresta a Granier por fraude fiscal y lavado de dinero", *El Informador*, 25 de junio de 2013. Disponible en línea: http://www.informador.com.mx/mexico/2013/467361/6/la-pgr-arresta-a-granier-por-fraude-fiscal-y-lavado-de-dinero.htm.

[10] Silvia Otero, "Arrestan a Granier por delitos federales", *El Universal*, 25 de junio de 2013. Disponible en línea: http://www.eluniversal.com.mx/estados/91326.html.

[11] Rubén Mosso, "Tribunal exonera a Andrés Granier, pero no saldrá libre", *Milenio*, 19 de mayo de 2015. Disponible en línea: http://www.milenio.com/policia/exoneran_andres_granier-delitos_granier_tabasco-granier_ex_gobernador_tabasco_0_520748301.html.

[12] "Evita SAT fraude fiscal por 30 mil mdp", *Noticieros Televisa*, 18 de junio de 2014. Disponible en línea: http://noticieros.televisa.com/mexico/1406/evita-sat-fraude-fiscal-30-mil-mdp/.

[13] "Carlos Hank y Camil Garza están en lista de fraude fiscal en Suiza: red de periodistas", *SinEmbargo*, 8 de febrero de 2015. Disponible en línea: http://www.sinembargo.mx/08-02-2015/1244062.

[14] José Juan Reyes, "México, entre los diez primeros lugares en robo de identidad", *El Economista*, 27 de enero de 2014. Disponible en línea: http://eleconomista.com.mx/sociedad/2014/01/27/mexico-entre-10-primeros-lugares-robo-identidad.

[15] Gabriela Chávez, "Negro mercado de datos; padrón del IFE se vende por 15 mil pesos", *Excélsior*, 24 de julio de 2012. Disponible en línea: http://www.excelsior.com.mx/2012/07/24/dinero/849552.

[16] *Idem*.

[17] Federal Trade Commission, *Consumer Sentinel Network data book for January–December 2014*, febrero de 2015, p. 3. Disponible en línea: https://www.ftc.gov/system/files/documents/reports/consumer-sentinel-network-data-book-january-december-2014/sentinel-cy2014-1.pdf.

[18] United States Government Accountability Office, *Identity theft and tax fraud. Enhanced authentication could combat refund fraud, but IRS lacks an estimate of costs, benefits and risks. Report to congressional requesters*, enero de 2015. Disponible en línea: http://www.gao.gov/assets/670/667965.pdf.

[19] *Idem*.

[20] Greg Aaron y Rod Rasmussen, *Global Phishing Survey: Trends and domain name use in 2H2014*, Anti-Phishing Working Group, 27 de mayo de 2015. Disponible en línea: internetidentity.com/wp-content/uploads/2015/05/APWG_Global_Phishing_Report_2H_2014.pdf.

[21] *2015 Internet security threat report*, Symantec, vol. 20, abril de 2015. Disponible en línea: https://www4.symantec.com/mktginfo/whitepaper/ISTR/21347932_GA-internet-security-threat-report-volume-20-2015-social_v2.pdf.

[22] Ernesto Coz Ramos, "Transacciones sospechosas y el delito de lavado de dinero", 2015, Disponible en línea: http://revistas.pucp.edu.pe/index.php/themis/article/viewFile/11760/12332.

[23] Para conocer más información del caso Bernadette consúltese: *FIU's in action, 100 cases from the Egmont Group*, The Egmont Group of Financial Intelligence Units. Disponible en línea: http://www.egmontgroup.org/library/download/21.

[24] "Implican a Monex en operaciones de lavado de dinero del narco", *Aristegui Noticias,* 14 de julio de 2012. Disponible en línea: http://aristeguinoticias.com/1407/mexico/implican-a-monex-en-operaciones-de-lavado-de-dinero-del-narco/.

[25] Pedro Cifuentes, "Las claves del 'caso Petrobras'", *El País,* 5 de marzo de 2015. Disponible en línea: http://internacional.elpais.com/internacional/2015/02/04/actualidad/1423075550_469907.html.

[26] "Caso Monex: PRI gastó más de 4 500 millones de pesos en campaña de 2012", *Aristegui Noticias*, 12 de marzo de 2014. Disponible en línea: http://aristeguinoticias.com/1203/mexico/caso-monex-pri-gasto-mas-de-4-mil-500-millones-de-pesos-en-campana-de-2012/.

[27] *Idem.*

[28] Rolando Herrera, "Marca a Monex negro historial", *Reforma*, 14 de julio de 2012.

[29] Humberto Padgett, "La historia de Monex y los Beltrán Leyva, sus clientes VIP", *emeequis*, 29 de julio de 2012. Disponible en línea: http://www.m-x.com.mx/2012-07-29/la-historia-de-monex-y-los-beltran-leyva-sus-clientes-vip/.

[30] Antonio O. Ávila, "La policía mexicana se incauta de 205 millones de dólares del narcotráfico", *El País*, 17 de marzo de 2007. Disponible en línea: http://internacional.elpais.com/internacional/2007/03/17/actualidad/1174086004_850215.html.

[31] Padgett, *loc. cit.*

[32] Herrera, *loc. cit.*

[33] *Idem.*

[34] "El TEPJF exonera al PRI por caso Monex", *Proceso*, 19 de febrero de 2015. Disponible en línea: http://www.proceso.com.mx/?p=396332.

[35] "Caso Petrobras: políticos recibían sobornos mensuales y giraban parte del dinero al PT", *Infobae*, 8 de marzo de 2015. Disponible en línea: http://www.infobae.com/2015/03/08/1714513-caso-petrobras-politicos-recibian-sobornos-mensuales-y-giraban-parte-del-dinero-al-pt.

[36] "Juez brasileño condena a ex ejecutivo de petrolera Petrobras en caso de corrupción", *Reuters*, 22 de abril de 2015. Disponible en línea: http://lta.reuters.com/article/domesticNews/idLTAKBN0ND2L920150422?pageNumber=1&virtualBrandChannel=0.

[37] Juan Miguel del Cid Gómez (2007), *Blanqueo internacional de capitales. Cómo detectarlo y prevenirlo*, Barcelona, Deusto, pp. 161–184.

[38] *Idem.*

EPÍLOGO

[1] Departamento de Justicia de Estados Unidos, "Nine FIFA officials and five corporate executives indicted for racketeering conspiracy and corruption", Office of Public Affairs, 27 de mayo de 2015. Disponible en línea: http://www.justice.gov/opa/pr/nine-fifa-officials-and-five-corporate-executives-indicted-racketeering-conspiracy-and.

[2] Doris Gómora, "Millonario soborno por la Copa América", *El Universal*, 31 de mayo de 2015. Disponible en línea: http://www.eluniversal.com.mx/deportes/2015/millonario-soborno-por-la-copa-america-1103854.html.

[3] "Decretan prisión domiciliaria sobre Nicolás Leoz", *Clarín*, 1 de junio de 2015. Disponible en línea: http://www.clarin.com/deportes/futbol-internacional/Juzgado-verificara-Leoz-corrupcion-FIFA_0_1367863441.html.

[4] *Idem.*

[5] "Operaban en FIFA como crimen organizado", *Reforma*, 28 de mayo de 2015.

[6] "Funcionarios de la FIFA arrestados sorpresivamente por cargos de corrupción", *Univisión*, 27 de mayo de 2015. Disponible en línea: http://futbol.univision.com/noticias/article/2015-05-27/funcionarios-de-la-fifa-arrestados-sorpresivamente-corrupcion#axzz3bwpIEg25.

[7] "Revelan que una compañía de Miami daba sobornos millonarios en el escándalo de la FIFA", *20 minutos*, 31 de mayo de 2015. Disponible en línea: http://www.20minutos.com/deportes/noticia/traffic-group-miami-sobornos-concacaf-corrupcion-fifa-24291/0/.

[8] Laura Smith–Spark y Nic Robertson, "Joseph Blatter arremete contra acusaciones de EU y UEFA: 'no huele bien'", *CNN México*, 30 de mayo de 2015. Disponible en línea: http://www.cnnmexico.com/mundo/2015/05/30/joseph-blatter-arremete-contra-acusaciones-de-eu-y-uefa-no-huele-bien.

[9] Matthew Futterman, "FIFA scandal: Alleged payments suggest link to top officials", *The Wall Street Journal*, 31 de mayo de 2015. Disponible en línea: http://www.wsj.com/articles/alleged-fifa-payments-suggest-link-to-top-officials-1433024740.

[10] Joaquín Maroto, "Chuck Blazer pasó de vender botones a ser topo de FBI", *As*, 2 de junio de 2015. Disponible en línea: http://futbol.as.com/futbol/2015/06/02/internacional/1433211685_327072.html.

[11] Sam Borden *et al.*, "Sepp Blatter decides to resign as FIFA president in about–face", *The New York Times*, 2 de junio de 2015. Disponible en línea: http://www.nytimes.com/2015/06/03/sports/soccer/sepp-blatter-to-resign-as-fifa-president.html.

[12] "Blatter renuncia a FIFA; convoca a elecciones", *El Universal*, 2 de junio de 2015. Disponible en línea: http://www.eluniversal.com.mx/deportes/2015/blatter-renuncia-a-fifa-convoca-a-elecciones--1104416.html.

[13] "Investigan fortunas en Suiza y EU, y dan con mexicanos: Hank, Camil, Téllez, Elías, Murat...", *SinEmbargo*, 9 de febrero de 2015. Disponible en línea: http://www.sinembargo.mx/09-02-2015/1244480.

[14] José Ramón Ladra, "Emilio Botín y Fernando Alonso en la 'lista Falciani' del HSBC", *ABC*, 9 de febrero de 2015. Disponible en línea: http://www.abc.es/economia/20150209/abci-hsbc-evasion-impuestos-201502090959.html.

[15] María Antonia Sánchez–Vallejo, "El escándalo de la 'lista Lagarde'", *El País*, 3 de noviembre de 2012. Disponible en línea: http://internacional.elpais.com/internacional/2012/11/03/actualidad/1351966547_450481.html.

[16] David Leigh *et al.*, "HSBC files show how Swiss bank helped clients dodge taxes and hide millions", *The Guardian*, 8 de febrero de 2015. Disponible en línea: http://www.theguardian.com/business/2015/feb/08/hsbc-files-expose-swiss-bank-clients-dodge-taxes-hide-millions?CMP=share_btn_tw.

[17] *Idem.*

[18] "HSBC admite fallas de control en su unidad de Suiza", CNN *Expansión,* 9 de febrero de 2015. Disponible en línea: http://www.cnnexpansion.com/negocios/2015/02/09/hsbc-admite-fallas-de-control-en-su-unidad-de-suiza.

[19] Juliana Fregoso, "Así son las fiscalías que sí combaten la corrupción", *SinEmbargo*, 13 de febrero de 2015. Disponible en línea: http://www.sinembargo.mx/13-02-2015/1248649.

[20] The members of the B20 Working Group on Improving Transparency and Anti–Corruption, *Message anticorruption 2012*, Foro Económico Mundial, 2012. Disponible en línea: http://www3.weforum.org/docs/WEF_ICC_B20_G20MessageAntiCorruption_2012.pdf.

[21] Fregoso, *loc. cit.*

[22] Italia ha representado una mejor práctica internacional en la implementación de una ley para la reasignación social de bienes decomisados a la mafia; véase http://www.avvocati.rimini.it/Editor/assets/orientamenti.pdf. Pero esta obra propone expandir las tipologías de delitos patrimoniales sujetos a reasignación social para no sólo incluir a decomisos ligados a mafias, sino también a activos reasignados a causas sociales en casos de corrupción pública y privada, fraudes tributarios y extinciones de dominio mientras los casos involucren a redes criminales.

Lavado de dinero y corrupción política de Edgardo Buscaglia
se terminó de imprimir en octubre de 2015
en los talleres de
Litográfica Ingramex, S.A. de C.V.
Centeno 162-1, Col. Granjas Esmeralda, C.P. 09810, México D.F.